THE
MIDAS TOUCH

A Balanced Approach To Biblical Prosperity

KENNETH E. HAGIN

마이더스 터치
성경적 부요함에 관한 균형잡힌 가르침

케네스 해긴 지음 | 김진호 옮김

믿음의말씀사

THE MIDAS TOUCH
by Kenneth E. Hagin

ⓒ RHEMA Bible Church
AKA Kenneth Hagin Ministries, Inc.
P. O. Box 50126 Tulsa, OK 74150-0126 U.S.A.
All Rights Reserved.

2002 / Korean by Word of Faith Company, Korea.
Translated and published by permission
Printed in Korea.

마이더스 터치 (THE MIDAS TOUCH)
성경적 부요함에 관한 균형잡힌 가르침

1판 1쇄 발행일 · 2002년 6월 15일
1판 4쇄 발행일 · 2012년 2월 24일

지 은 이 케네스 해긴
옮 긴 이 김 진 호
발 행 인 최 순 애
펴 낸 곳 믿음의 말씀사
주   소 446-855 경기도 용인시 기흥구 신정로 301번길 59
전화번호 031) 8005-5483 / 5493   FAX : 031) 8005-5485
홈페이지 http://faithbook.kr
출판등록 제68호 (등록일 2000. 8. 14)

ISBN 89-90836-04-2 03230
값 10,000원

본 저작물의 한국어판 저작권은 케네스 해긴 목사님을 통해 FAITH LIBRARY와의 독점 협약으로 '믿음의 말씀사'가 소유합니다. 저작권법에 의해 한국 내에서 보호를 받는 저작물이므로 무단 전재와 복제를 금합니다.

믿음의 방패 마크는 미국 특허청에 등록된 RHEMA Bible Church, AKA Kenneth Hagin Ministries, Inc.의 마크이므로 복제하여 사용할 수 없습니다. (The Faith Shield is a trademark of RHEMA Bible Church, AKA Kenneth Hagin Ministries, Inc., registered with the U.S. Patent and Trademark Office and therefore may not be duplicated.)

목 차

역자 서문 ·· 6
서   문 ·· 11

제1장 지금 형통하게 하소서
      (Send Now Prosperity) ·· 19

제2장 재정 영역에 관한 우리의 권세
      (Our Authority In The Area Of Finances) ············ 35

제3장 예수님은 가난하셨을까요?
      (Was Jesus Poor?) ··· 61

제4장 부요함의 목적
      (The Purpose Of Prosperity) ··································· 85

제5장 설교자들도 잘 살아야 합니까?
      (Should Preachers Prosper?) ·································· 111

제6장 남용과 오용을 피하는 법
      (Avoiding Abuses And False Practices) ··············· 151

제7장 균형과 건전한 가르침
      (Balance And Sound Teaching) ···························· 199

제8장 돈, 드림과 받음에 관한 서신서에 근거한 24원칙
      (24 Principles From The Epistles Regarding
      Money, Giving, And Prosperity) ··························· 231

제9장 빛 가운데로 걸어가기
      (Walking In The Light) ··· 255

역자 서문

한국 그리스도인들의 신앙을 비판하는 사람들이 흔히 하는 말 중에 하나가 '기복신앙'이라는 말입니다. 신비주의, 율법주의, 교파주의, 개교회주의, 물질주의까지 비판의 말은 끝이 없지만 특히 기복신앙이라는 말은 불교나 샤머니즘, 조상 제사 풍습 등 전통적인 한국인의 민속 신앙과도 뿌리가 닿는 만큼 정당한 비판으로 쉽게 받아들여지기도 합니다.

그런데 미국에 살면서 보니 그곳의 매스컴을 통해 들리는 비판자들의 말들도 우리나라와 크게 다르지 않았습니다. 그 중에서 미국 교회가 가장 많이 공격을 받는 부분은 바로 "건강과 부요함"을 하나님의 축복으로 믿는 사람들을 성공주의, 물질주의 등과 연결시켜 소위 "Health and Wealth Gospel"이라고 비난하는 것이었습니다.

어떤 부류의 그리스도인들을 일컫는 것인지 한마디로 정확히 정의할 수는 없지만, 일반적으로 보건대 믿음으로 병을 고친다는 것을 가르치거나 물질적으로 축복 받는 것을 강조하면 쉽게 이런 비판을 받을 수 있는 처지에 놓이게 되는 것 같습니다.

그러나 이것은 그리스도인들이, 하나님 말씀을 잘 알지 못하는 그리스도인들이나 외부인들의 공격에 흔들리지 말고 분명히 알고서 더욱 담대히 믿고 주장하여 마귀에게 빼앗기지 말아야 할 진리의 문제입니다.

무엇보다도 결코 양보할 수 없는 진리는 예수 그리스도는 인류를 영과 혼과 몸의 저주로부터 구원하셨다는 것입니다. 그의 속량은 죄로부터의 자유뿐만 아니라 죄의 형벌인 죽음, 즉 영적 죽음은 물론이고 육체의 죽음을 가져다주는 질병과 가난의 저주로부터 인류를 해방하셨다는 것입니다. 성경은 질병과 가난이 죄의 결과로 타락한 인간과 그들이 살고 있는 세상에 임한 저주라고 말합니다.

문제는 의식주가 해결되고 경제적으로 잘 살게 된 나라일수록 이 문제를 심각하게 생각하지 않고 사회학적인 이론이나 구조적인 악에 의한 하나의 현상으로 취급하여 복음에서 육체와 현실의 문제를 제해 버리고 영적이고 도덕적인 관점으로만 다룬다는 것입니다.

국민의 대다수가 절대 빈곤으로 고통 받고 있는 인도 같은 나라를 방문하게 되면 저주가 바로 질병과 가난을 통하여 어떻게 현실적으로 그 위력을 행사하고 있는지 직접 눈으로 볼 수 있습니다. 질병과 가난은 신명기 28장 15-68절에서 언급하고 있는 가장 눈에 띄는 저주입니다.

뿐만 아니라 구원받은 그리스도인이 좋으신 하나님의 역사와 사랑을 실제로 누릴 수 있는 분야가 바로 건강과 부요함의 복인 것입니다. 지금 살아 계셔서 나의 기도를 들으시고 내 안에서 역사하시고 성경의 약속의 말씀을 지키시는 하나님께서 우리의 절대적인 필요인 육체의 건강과 삶에 필요한 물질적 공급에 관심이 없으시거나 관여하지 않는다고 하는 것은 하나님을 마치 배고파 우는 아이에게 자장가만 불러주는 어리석은 어머니와 같이 여기는 것입니다. 하나님은 우리 부모님보다 더 우리를 사랑하시고 우리의 필요에 관심이 많으시며 치료해 주시고 공급해 주시는, 지금 우리의 가장 절박한 필요를 채워주시는 분입니다.

끝으로 부요함은 돈을 사랑함이 일만 악의 뿌리가 되고 탐심이 우상 숭배이며, 하나님과 재물을 겸하여 섬길 수 없다는 말씀이 깨닫게 해 주듯이 그리스도인들이 평생 주님을 섬기는 도구로 사용해야 하는 것입니다. 따라서 마귀가 이 세상의 부귀영화를 이용하여 우리를 유혹할 때에 이를 이길 수 있는 영적인 능력과 깨달음이 필요한 것입니다.

또한 부요하게 되는 과정에서 주님보다 돈을 더 사랑하고 세상을 더 사랑하게 될 위험이 늘 있으므로 성경에서 강조되고 있듯이 그리스도인은 단지 물질을 관리하는 청지기로서 이 물질을 잘 관리하고 경영하여 절대적으로 필요한 복음 전하는 사업의 후원자가 되어야 하는 것입니다.

세상에는 거짓과 부당한 방법으로 얻은 부요함이 만연합니다. 그러나 진정한 그리스도인들의 아름다운 재물이 복음을 위해 얼마나 필요한지는 선교사님들을 만나지 않아도 알 수 있습니다. 세상에는 수 많은 빌딩이 줄을 지어 있는데, 교회는 예배당 하나만 잘 지어도 엄청난 기적인양 자랑하는 것을 보아도 재물을 주님을 위해 잘 쓰는 성경적인 그리스도인 사업가가 주님께 너무나 필요함을 알 수 있습니다.

우리나라에서는 옛날부터 부정부패한 탐관오리가 지도층을 이루어 민중을 착취하던 역사를 가지고 있을 뿐 아니라 이제 민주주의가 겨우 정착하는가 싶으니 온갖 게이트로 지도층의 부정부패가 정치적 문화적 후진성을 증명이나 하듯 꼬리를 물고 있습니다. 더욱 가슴 아픈 것은 그 중에 수많은 사람들이 한국교회가 자랑하던 교회에서 신앙과 충성심을 인정받은 그리스도인이라는 사실입니다.

그렇다고 성경이 가르치는 물질관과 다른 청빈 사상을 받들어 무조건 희생하고 지극히 가난하게 살수록 영적이란 가르침 속에서 가난의 고통을 당하며 좋으신 하나님의 사랑과 능력을 누리지 못하고 사는 것은 마치 질병을 주님께 가까이 오게 하려고 때리시는 하나님의 손길로 여기도록 가르치는 것과 똑같은 오류를 범하는 것입니다.

해긴 목사님은 금년에 85세 생일을 맞으며 65년째 사역을 하면서도 여전히 건강한 몸으로 미국 전역을 다니며 집회를 통해 받은 사례비와 헌금, 테이프와 책 판매 등으로 얻은 수익금 400만불 이상을 레마 성경 훈련소에 스스로 헌금함으로써 학생들의 부담을 25-30% 줄여주는 부자 아버지 같은 스승입니다.

이 책을 통해 성경적 부요함의 축복을 누리는 많은 그리스도인들이 나타나서 한국 교회가 세계 선교에 쓰임 받는데 한 몫을 하는 예수 선교 재벌의 탄생을 기대합니다.

2002년 6월 7일

김 진 호 목사
크라이스트 앰버시 서울/용인교회 담임, 예수선교사관학교장

서 문

흔히 야망 있는 사람을 나타내거나 겉보기에 성공적인 삶을 사는 개인을 일컬을 때 그 사람이 '마이더스 터치(Midas touch)'를 가졌다는 표현을 씁니다. 이것은 "그가 손을 대기만 하면 무엇이든지 황금이 된다!"는 뜻입니다.

이 말은 재정적인 목표를 달성하고 물질적 소유를 많이 쌓아둔 사람의 행운과 기술을 인정하고, 이를 부러워하고 선망하는 의미로 사용됩니다.

그리스 신화에 따르면 마이더스는 기원전 8세기 경 브루기아에 살았던 왕이었습니다. 그는 매우 부유하여 세상 누구보다도 많은 금을 소유하고 있었습니다. 그는 황금 동전과 금괴를 왕궁의 거대한 지하 저장소에 보관해두고는 보물을 만지고 세는데 매일 몇 시간씩을 보냈습니다.

그러나 마이더스는 아무리 많은 금을 모아 보물창고에 넣어두어도 만족하지 않았습니다. 그는 항상 더 많은 것을 원했고, 어떻게 하면 더 많은 금을 얻을 수 있을까를 궁리하며 많은 시간을 보냈습니다. 그러던 어느 날 하얀 옷을 입은 자가 마이더스에게 나타나서 한 가지 소원을 들어주겠다고 했습니다. 왕은 즉시 '황금의 촉수(golden touch)' -, 즉 만지는 것은 무엇이든지 금이 되어버리는 손을 가지게 해달라고 소원했습니다. 다음날 아침 깨어났을 때 마이더스는 침대 커버가 섬세하게 가공된 금으로 변해 있는 것을 발견했습니다! 그는 놀라움에 숨을 헐떡이며 침대에서 뛰쳐나왔습니다. 그가 침대기둥을 만지자 즉시 그것은 금이 되었습니다.

"정말이구나!" 그는 외쳤습니다. "나는 황금의 촉수를 가졌다!"

그는 왕궁을 달리면서 벽을 쓸고 지나가고 곁에 있는 가구들을 만졌습니다. 그가 손을 댄 것은 모두 황금으로 변했습니다. 정원으로 나가서 나무 사이를 다니며 장미꽃과 다른 꽃들이 모두 금으로 변하는 것을 웃음을 띠고 지켜보았습니다.

이것이 대부분이 기억하는 신화의 한 부분입니다. 많은 사람들이 손가락만 대어도 끝없는 부 즉 금을 만들어 낼 수 있다는 아이디어에 매혹되는 것 같습니다. '마이더스 터치' 라고 할 때 사람들은 여기까지만 생각하고 있는 것임이 분명합니다. 그러나 마이더스의 신화는 '그 후로 모든 사람들은 행복하게 살았다' 로 끝나지 않습니다.

당신이 원하는 것이 얻을 수 있는 것이라면
당신은 당신이 얻은 것을 갖기 원하였겠습니까?

마침내 무엇이든 손을 대면 금으로 변하는 사실에 대한 흥분이 가라앉자, 마이더스는 아침식사를 기다리는 동안 책을 읽으려고 앉았습니다. 그런데 그가 집어든 책은 즉시 금으로 변해 버렸습니다. 그리고 나서 복숭아와 빵 한 조각을 먹으려 하자, 이 모든 것들은 딱딱한 금덩어리로 바뀌고 말았습니다! 심지어 컵에 따른 물마저 금이 되어버렸습니다.

왕은 놀라게 되었습니다. '내 음식마저 금이 되어버린다면 어떻게 다시 먹을 수가 있을까?' 그는 염려가 되었습니다. 바로 그 때 마이더스의 딸 오렐리아가 방으로 들어왔습니다. 그의 딸만이 그가 금만큼 사랑했던 유일한 것이었습니다. 오렐리아는 팔을 크게 벌리고 아버지를 안으며 그에게 달려와 키스를 했습니다. 그러나 그녀는 마이더스가 염려했던 대로 이상하게 조용해지더니 사랑스럽게 웃던 귀여운 어린 소녀에서 황금조각품으로 변하고 말았습니다. 왕은 그의 눈 앞에서 일어나고 있는 일의 공포에 압도되어 고통 중에 소리쳤습니다.

그는 구하던 것을 얻었지만 그가 얻고 있는 것이 그가 원했던 것은 아님을 즉시 깨닫게 되었습니다.

다행히도 이것이 마이더스 신화의 끝이 아닙니다. 아직도 이야기가 더 남아 있습니다.

참된 부를 재발견하기

흰 옷 입은 자가 다시 나타나서 물었습니다.

"여보게 마이더스 왕, 당신이야말로 가장 행복한 사람이 아닙니까?"

"아닙니다." 왕이 신음하듯 말했습니다. "나는 모든 피조물 중에 가장 비참한 자입니다."

"뭐라고요? 내가 황금촉수의 소원을 들어주지 않았습니까?"

"들어주었지요. 그런데 그것은 내게 이제는 저주일 뿐입니다. 나는 내가 정말 사랑했던 모든 것을 잃어버렸습니다." 마이더스는 울었습니다.

"그렇다면 황금촉수보다 빵 한 조각, 물 한 컵을 원한다는 뜻입니까?" 하얗게 빛나는 존재가 물었습니다.

"물론이지요." 마이더스가 소리쳤습니다. "나는 내 딸을 되찾을 수 있다면 세상의 모든 황금을 포기할 것입니다."

흰 옷 입은 자는 마이더스에게 어떤 우물에 가서 목욕을 하면 그의 황금촉수를 씻어버릴 수 있다고 말했습니다. 그리고 그 물을 가져와서 그의 딸과 그 외에 그가 원래의 형태로 회복되기를 원하는 것들에 뿌리라고 말했습니다. 그리하여 전설의 왕 마이더스는 가족, 음식과 같은 단순하고 자연적인 아름다움 같은 단순한 것들의 회복을 기뻐하고 황금촉수를 기꺼이 포기하게 되었습니다. 마이더스는 이런 것들이 금보다 더 가치가 있다는 것을 깨닫게 되었습니다.

사실 우리는 지금 동화 같은 세상에 살고 있지 않습니다. 물질적 성공을 거두는 황금촉수와 같은 마술적인 공식은 존재하지 않습니다. 그러나 부지런하고 충성된 마음과 손으로 일하는 사람들에게는 기회가 있습니다.

하나님께서 그 말씀을 따라 주시는 부요함과 복에 관한 성경적인 원리들이 있습니다.

극단 사이에서 균형 찾기

65년이 넘는 사역 기간 동안 나는 믿는 자들의 부요함을 다룸에 있어서 균형 잡힌 성경적인 접근을 꾸준히 강조해왔습니다. 나는 그리스도의 몸을 돕거나, 반대로 해를 끼치는 많은 가르침과 관행들을 지켜보았습니다. 어떤 신실한 하나님의 사람들은 말씀의 진리와 성령을 따라 움직이면서 이 경로를 정확하게 지켜서 수많은 신자들에게 큰 복을 끼치는 것을 보았습니다. 또한 불행하게도 극단적인 가르침을 따라 곁길로 빠져 궁극적으로는 그들의 사역도 파산되고 그 과정에서 많은 사람들에게 상처를 남기고 실망을 시키는 사람들도 보았습니다.

내 경험으로는 실제로 어떤 성경의 주제든지 진리의 도로 양편 끝에는 수로가 있습니다. 교회는 항상 좋은 운전자는 못되어서 가끔 도로의 중앙을 따라 운전하는 데 큰 어려움을 겪었습니다. 성경의 어떤 길을 운전해가든지 여러분들은 그 진리의 길 좌우편에 빠져있는 사람들을 발견하게 될 것입니다.

교회사를 통하여 보면 모든 기본 진리가 교리, 즉 침례, 부활, 삼위일체, 사역의 은사, 신유, 믿음의 걸음 같은 주제를 포함하여 거의 모든 경우에 극단적인 적용이 있어왔습니다. 돈 문제나 부요함도 예외는 아닙니다. 도로의 한 쪽 수로에는 예수님께서 극도로 가난하게 사셨으며 돈은 악한 것이고 성경적 부요함(형통함, 번영, prosperity)이란 물질적인 것과는 전혀 관계가 없다고 하는 사람들이 있습니다. 그 반대쪽에는 부자가 되는 것이 믿음의 주요 관심 분야이며 하나님의 주된 관심도 당신의 물질적인 형통이며 돈이야말로 진정한 영성의 척도라고 말하는 사람들이 있습니다.

진리는 어디에 있습니까? 진리는 이 두 극단과는 멀리 떨어져 이들보다 훨씬 더 높은 곳에 있습니다. 지금 같은 풍부하고 부요한 때에 책임 있는 그리스도인 지도자들은 혼란과 오류와 극단주의 때문에 부요함에 관한 말씀에 주의를 점차 더 기울이고 있습니다. 나도 이런 주제, 특히 재정 문제와 드리는 것(giving)에 관해서 교회 전체를 향해 꼭 말해야 한다는 의무감을 느꼈습니다.

이 책은 성경적 부요함(Bible prosperity)에 관한 진리의 중심을 진지하게 찾고 있는 사람들의 이해를 돕고 분명히 하려고 펴내는 것입니다.

마이더스 신화에서 보여지듯 돈으로 살 수 있는 것에는 영원한 기쁨이 없으며, 영원한 목적이 없는 부요함은 만족이 없고, 실망 뿐이라는 것을 그리스도인이나 비그리스도인을 막론하고 수많은 사람들이 발견하였을 것으로 생각됩니다.

나는 지금까지 하나님의 말씀을 조심스레 살펴 연구하고

부지런히 성령님의 음성에 귀를 기울여 내가 배운 진리를 여러분과 나누게 되기를 바랍니다. 이 책에 있는 진리가 실제적이고 성경적이며 건전한 부요함에 대한 여러분의 이해를 돕고 여러분이 하나님의 최고의 길을 여행할 때 균형을 유지하는데 도움이 되기를 기도합니다.

— 케네스 해긴

제 1 장

지금 형통하게 하소서
(Send Now Prosperity)

"여호와여 구하옵나니 이제 구원하소서 여호와여 우리가 구하옵나니 이제 형통하게 하소서"(시 118:25)

나는 부요(형통, 번영, prosperity)를 믿습니다.

그렇습니다. 내가 말하는 부요의 의미는 영적 부요함(well-being)과 육체적 건강을 뜻합니다. 그러나 또한 물질적, 재정적 복도 의미합니다. 사도 요한이 "사랑하는 자여 네 영혼이 잘됨 같이 네가 범사에 잘되고 강건하기를 내가 간구하노라"(요삼 2절)라고 했을 때 그 의도와 의미는 삶의 뚜렷한 세 가지 영역, 즉 물질적, 육체적, 영적 영역을 모두 포함하고 있다고 믿습니다.

그의 뜨거운 열망은 우리가 모든 면에서 번창하고, 번성하고, 형통하는 것입니다. 이것이 바로 균형 잡히고, 건전하고, 완전하고, 똑같이 강조된 번영의 바른 적용입니다. 어떤 사람들은 '네가 형통하기를' 이란 구절이 재정적인 번영을 의미하는 것이 아니라고 주장합니다. 그들은 이 구절이 그 당시의 관용적인 표현으로써 단지 '네게 모든 게 잘되길 바란다(May things go well for you)' 라고 하는 일상적인 인사에 지나지 않는다고 주장합니다.

'번영하다, 형통하다, 잘되다(prosper)'로 번역된 그리스어 본문은 'euodoo' 입니다. 'euodoo'는 길을 의미하는 'hodos' 와 '좋은(good)' 것을 의미하는 'eu' 가 합쳐진 것입니다. 그러므로 그리스어로 eudoo('prosper', '형통하다' 로 번역됨)는 문자적으로 좋은 도로 혹은 좋은 여정을 의미합니다. 그러므로 이 경우에도 이 단어는 구체적으로 재정적으로 형통하는 것을 의미하지는 않습니다. 단지 좋은, 형통하는 여정(a good and prosperous journey)이 되기를 의미하는 것입니다. 그러나 어떤 사람이 여행을 할 때 적당한 공급 없이 돈이 없거나 모자라고 가난하고 궁핍한 가운데 한 발자국씩 여행을 한다면 어떻게 좋고 형통한 여행을 할 수 있다는 것인지 나는 이해하기가 힘듭니다.

뿐만 아니라 'prosper' 라고 번역된 그리스어는 사도 바울이 고린도전서 16장 2절에서 그가 고린도의 신자들에게 하나님께서 그들을 형통(prosper)하게 하는 대로 매주 돈을 저축해 놓으라고 지시할 때 사용하였습니다. 의심할 것 없이 확실하게 형통하다(prosper)라는 단어는 성경에서 재정적 부요함을 언급하는데 사용될 수 있으며 사용되고 있습니다.

가난함이 경건함을 만들지 않습니다

내가 서문에서 말했듯이 교회는 성경의 어떤 주제에 관해서든지 도로 가운데를 따라 운전하는데 어려움을 겪는 듯 합니다. 번영·부요·형통함이란 주제도 내가 살던 시대의 교회 사람들은 길의 한쪽 편에 치우쳐 있었습니다. 그들은 가난이 경건을 낳는다고 가르침을 받았으며 하나님은 자기 백성들이 아무것도 소유하지 않는 것을 원하신다고 배웠습니다.

나는 설교자들이 "나는 이 세상의 것은 어떤 것도 원하지 않습니다."라고 말하는 것을 늘 들어왔습니다. 그들이 그렇게 말하는 것은 이 세상의 것들에는 무언가 잘못된 것이 있다는 생각을 하기 때문이었습니다.

그러나 시편 50편은 세상의 물건을 소유하는 것이 왜 잘못된 것이 아닌지 증거하고 있습니다.

> "이는 삼림의 짐승들과 뭇 산의 가축이 다 내 것이며, 내가 가령 주려도 네게 이르지 아니할 것은 세계와 거기에 충만한 것이 내 것임이로다"(시 50:10, 12)

당신 성경의 이 구절에 표시를 하십시오. 이런 말씀들을 묵상하며 반복하고 입으로 고백하십시오. 주님께서는 먼저 내 생각을 바로 잡기 위해 이 구절을 보여 주셨습니다.

나는 무엇을 소유하는 것은 잘못이라고 생각했습니다. 사람은 엉덩이 부분이 낡아진 반바지에 윗부분이 낡은 모자를 쓰고 밑바닥이 닳아진 신발을 신고서 '불평이라 이름 붙여진 길'의 바로 옆에 있는 '겨우 살아가는 골목'의 제일 끝에 살아야 한다고 생각했습니다! 이것이 바로 오늘날 교회 사람들이 생각하는 것입니다.

그러나 그들의 생각은 하나님의 말씀과 일치하지 않습니다. 슬프게도 목사님들을 포함해서 너무나 많은 그리스도인들의 모습은 방금 부화한 어린 새들이 둥지에 앉아서 눈은 감은 채 입만 크게 벌리고 어미 새가 가져다 넣어주는 것을 기다리고 있는 것을 생각나게 합니다. 그들은 무엇이든 그들의 입에 넣어주는 것은 다 삼킵니다. 교회 안의 많은 사람들이 신약성경의 가르침 대신 종교적으로 세뇌되어 있습니다. 성경이 무엇을 말하고 있는지 모르므로 영적인 분별력이 제한을 받아 그들은 어떤 교리든지 늘 그 유행에 따라 움직일 뿐입니다. 그리고 시간이 지나면서 잘못된 가르침마저도 쉽게 바꿀 수 없는 전통이 되어버립니다. 이런 가르침이 한 세대에서 다음 세대로 전수되고 새로운 세대는 우리가 늘 그렇게 믿어온 것이라는 이유로 의심도 없이 그 잘못된 가르침을 받아들이게 됩니다.

하나님의 말씀대로 생각하는 것을 배우십시오

이와 같이 우리는 흔히 성경과 일치하지 않는 잘못된 생각을 합니다. 우리의 생각이 잘못되면 우리의 믿는 것이 잘못되고,

우리의 믿는 것이 잘못되면 우리가 말하는 것이 잘못됩니다. 당신은 이 세 가지, 즉 당신이 생각하는 것, 믿는 것과 말하는 것 모두를 하나님의 말씀과 일치시켜야 합니다.

하나님께서는 우리의 생각을 바르게 하시려고 우리에게 그분의 말씀을 주셨습니다. 나는 자라온 교단에서 무엇이든지 소유하는 것은 잘못이라고 가르침을 받아왔습니다. 내가 이 특별한 교단에서 나의 사역을 시작할 때 그들은 그들의 목사를 위해 이렇게 기도했습니다. "주님, 주님께서 우리 목사님을 겸손하게 해주십시오. 우리는 목사님이 가난하게 되도록 하겠습니다." 목사님을 가난하게 살게 하는 것이 그들이 하나님을 위해서 큰 호의를 베푸는 것이라고 그들은 생각했습니다!

1939년 나는 성령세례를 받고 방언을 말했습니다. 나는 나의 교단으로부터 할 수 없이 나와서 오순절로 오게 되었습니다. 담임목사를 위해 기도하는 데 있어서 오순절 사람들은 남침례교 사람들보다 배나 더했습니다. 다시 말하면, 그들은 두 배로 기도한 것입니다. "주님, 주님께서 우리 목사님을 겸손하게 해 주십시오. 우리는 우리 목사님이 가난하게 되도록 하겠습니다."

하나님의 말씀은 무엇을 말하고 있는가?

하나님께서 자기 자녀들이 물질적인 것이 하나도 없이 가난하기를 원한다는 생각은 전적으로 성경적이 아닙니다. 성경은 돈에 관하여 너무나 많이 말하고 있습니다. 즉 개인의 필요를 채우기 위해 돈을 받는 것과 하나님의 일을 후원하는 것과 다른 사람을 축복하는 것들입니다.

성경 전체를 볼 때 많은 하나님의 종들이 부유했다는 것은 분명합니다. 나는 여기서 그들이 단지 영적으로만 부유했다고 말하는 것이 아닙니다. 그들은 재정적으로도 부자였습니다! 성경은 "아브라함에게 가축과 은과 금이 풍부하였더라"(창 13:2)고 말하고 있습니다. 이 구절을 이해하는 데는 많은 설명이 필요하지 않습니다. 그렇지 않습니까?

열왕기상 10장에는 시바의 여왕이 솔로몬 왕의 지혜와 위대함을 확인하기 위해 그를 방문한 장면이 나옵니다. 많은 질문을 통해 솔로몬 왕을 시험해 본 후에 그녀는 이렇게 말했습니다. "내가 그 말들을 믿지 아니하였더니 이제 와서 친히 본즉 내게 말한 것은 절반도 못되니 당신의 지혜와 복이 내가 들은 소문보다 더하도다"(왕상 10:7).

욥도 매우 부자였습니다. 하나님의 말씀은 이렇게 말하고 있습니다. "그의 소유물은 양이 칠천 마리요 낙타가 삼천 마리요 소가 오백 겨리요 암나귀가 오백 마리이며 종도 많이 있었으니 이 사람은 동방 사람 중에 가장 훌륭한 자라"(욥 1:3).

욥은 그가 당한 고통과 시련의 기간 동안에 그의 엄청난 재산을 잃어버렸습니다. 그러나 하나님께서는 욥의 부를 회복시켜 주셨습니다! 어떻게 내가 아느냐고요? 성경은 "여호와께서 욥의 말년에 욥에게 처음보다 더 복을 주시니 그가 양 만 사천과 낙타 육천과 소 천 겨리와 암나귀 천을 두었고"(욥 42:12)라고 말하기 때문입니다.

역대하 26장 5절을 보면 웃시야 왕이 주님을 찾았으므로 하나님께서 그를 부요케 했다고 되어 있습니다. 하나님께서는 부요함에 대해서 반대하시는 것 같지 않습니다. 그렇지 않다면 하나님께서 웃시야와 다른 사람들을 부요케 한 것은 하나님 자신의 원칙들을 범하는 것이 되니까요.

하나님께서 부와 부요함(Wealth and Prosperity)에 반대하는 분이 아니라는 것을 깨닫는 것이 중요합니다. 그렇지만 하나님은 탐욕을 좇는 사람들은 반대하십니다.

부요한 삶을 사는 자격

하나님께서는 자기 자녀들이 부요하기를 원하십니다. 하나님께서는 우리에게 관심이 있으시며, 우리가 인생에 있어서 좋은 것들을 가지길 원하십니다. 하나님께서는 성경에 이렇게 말씀하셨습니다. "너희가 즐겨 순종하면 땅의 아름다운 소산을 먹을 것이요"(사 1:19).

그러나 하나님은 '땅의 좋은 것을 먹는 것'을 먼저 두지 않으셨습니다.

모세는 물질적인 것을 우선적으로 두지 않은 사람의 예가 됩니다. 모세는 이집트 사람에 의해 양육되었지만, 그가 장성하였을 때 그는 바로의 딸의 아들이라고 불리기를 거절했습니다.

"믿음으로 모세는 장성하여 바로의 공주의 아들이라 칭함 받기를 거절하고 도리어 하나님의 백성과 함께 고난 받기를 잠시 죄악의 낙을 누리는 것보다 더 좋아하고 그리스노를 위하여 받는 수모를 애굽의 모든 보화보다 더 큰 재물로 여겼으니"(히 11:24-26)

모세가 거절한 것이 무엇인지 한번 상상해 보십시오! 그는 바로 왕의 딸의 아들이었습니다. 그는 왕위에 오를 가계에 속했습니다. 모세는 권세와 명예와 부를 소유했었습니다. 그는 세상이 줄 수 있는 모든 것을 가졌었습니다. 그러나 모세는 이집트의 모든 보물보다 그리스도를 위한 고난을 더 큰 부로 여겼습니다. 모세는 하나님의 백성과 세상 백성의 차이를 보았습니다.

어떤 사람들은 하나님을 섬기는 것보다 돈을 버는 것에 더 관심이 있습니다. 그러나 당신이 영적인 사람이 되고 싶으면 영적인 것이 우선이 되어야 합니다. 당신은 하나님의 것들, 즉 영적인 것들을 땅의 것들보다 귀하게 여겨야 합니다.

부요하게 되는 한 가지 자격은 땅의 것들을 가볍게 여기는 것입니다. 땅의 것들을 영적인 것들보다 우선하면서 하나님께서 당신을 부요케 해 줄 것을 기대할 수는 없는 것입니다.

물론 돈을 가지는 것이 잘못이라는 것이 아닙니다. 그러나 돈이 당신을 소유하게 하는 것은 잘못입니다. 돈이 당신을 다스리는 주인이 되게 하거나, 당신이 재정을 자신의 정욕을 위해 써버리는 것은 잘못입니다.

하나님은 당신이 재정적으로 부요하기를 원하십니다! 그러나 당신이 부요해지는 것은 당신이 '최우선으로 해야 할 것을 최우선으로 놓느냐'로부터 시작됩니다. 그렇게 할 때 재정적인 부요함을 누릴 자격이 있는 것입니다.

구약성경에서 하나님은 이스라엘 사람들에게 그의 율법을 지키고 그의 계명을 지키라고 말씀하셨습니다(신명기 28장). 하나님께서는 똑같은 것을 오늘날 우리에게도 원하십니다. 하나님의 말씀에 우선권을 두고 진리 가운데 사는 것이 영적인 부요함입니다.

요한은 성령의 감동으로 다음과 같이 썼습니다. "사랑하는 자여 네 영혼이 잘됨 같이 네가 범사에 잘되고 강건하기를 내가 간구하노라"(요삼 2). 또한 이어진 두 구절에서 말하기를 하나님의 사람들이 하나님의 말씀의 진리 가운데 산다는 것을 듣는 것보다 더 큰 기쁨이 없다고 했습니다.

하나님은 이스라엘 사람들에게 말씀하셨습니다. "이르시되 너희가 너희 하나님 나 여호와의 말을 들어 순종하고 내가 보기에 의를 행하며 내 계명에 귀를 기울이며 내 모든 규례를 지키면 내가 애굽 사람에게 내린 모든 질병 중 하나도 너희에게 내리지 아니하리니 나는 너희를 치료하는 여호와임이라, 네 나라에 낙태하는 자가 없고 임신하지 못하는 자가 없을 것이라 내가 너의 날 수를 채우리라"(출 15:26, 23:26). 이것은 육체적인 부요함, 즉 하나님의 치유와 건강을 말하는 것입니다.

주님은 이스라엘 사람들에게 '그들의 자루와 창고'가 복을 받고 곳간이 가득 채워지고 그들이 머리가 되고 꼬리가 되지 않는 것에 관해 말씀하셨습니다(신 28:1-14, 잠 3:10). 이것들은 모두 물질적인 부요함입니다. 그러나 그들이 육체적·물질적인 부요함은 그들의 영적 부요함에 달렸다는 사실을 주의하십시오.

"사랑하는 자여 네 영혼이 잘됨 같이 네가 범사에 잘되고 강건하기를 내가 간구하노라"(요삼 2)

요한은 물질적 또는 재정적 부요함과 육체적 부요함과 영적 부요함에 관하여 말하고 있습니다. 물질적·육체적 부요함은 영적인 부요함에 달렸다는 것을 주의하십시오.

가장 중요한 것을 가장 중요하게 여겨라

너무나 아름다운 시편 1편은 하나님께서 자기 백성이 부요케 되는 것을 바란다는 것을 확인하고 있습니다.

"복 있는 사람은 악인들의 꾀를 따르지 아니하며 죄인들의 길에 서지 아니하며 오만한 자들의 자리에 앉지 아니하고 오직 여호와의 율법을 즐거워하여 그의 율법을 주야로 묵상하는 도다 그는 시냇가에 심은 나무가 철을 따라 열매를 맺으며 그 잎사귀가 마르지 아니함 같으니 그가 하는 모든 일이 다 형통하리로다"(시편 1:1-3)

보십시오. 하나님께서는 우리가 부요하게 살기를 원하십니다. 그러나 우리는 모든 것들을 바르게 평가해야 합니다. 즉 땅의 것은 가볍게 여기고 가장 중요한 것을 가장 우선적으로 여길 필요가 있습니다. 우선으로 할 것을 우선으로 하기만 하면 사람들은 하나님께서 약속하시는 것은 무엇이든지 – 치유, 부요함, 건강, 행복한 가정, 오래 사는 것 – 그에 대한 믿음을 가질 수 있습니다. 당신의 마음속에서 땅의 것을 가볍게 여기고 영적인 것을 최우선으로 놓겠다고 결단을 하십시오. 당신 자신보다도 우선적으로 하나님을 먼저 섬기십시오. 그렇다면 영적, 육체적 부분을 포함한 모든 분야에 있어서 당신은 물론 당신의 가족까지 복을 받을 것입니다.

땅의 좋은 것

나는 1949년 나의 마지막 교회를 떠나 소위 '들판 사역'(field ministry: 한 교회를 섬기는 대신 초청이 있는 곳에만 가서 집회를 하는 복음 사역자를 일컫는 말 – 역자 주)에 임하게 되었습니다.

나는 교회를 다니며 부흥집회를 인도하였습니다. 한 일년쯤 지난 후에 나는 "너희가 즐겨 순종하면 땅의 아름다운 소산을 먹을 것이요"(사 1:19)라고 말하는 구절을 붙잡게 되었습니다. 그러나 나는 물론 결코 땅의 좋은 것을 먹고 있지는 않았습니다!

나는 차가 다 낡도록 여행을 하였습니다. 아주 싼값으로 차를 팔아야 했습니다. 나는 다른 세 은행에 빚을 지고 있었는데 그 차를 팔아서 겨우 이자를 갚고, 다시 융자를 새로 얻고, 아이들을 위해 옷을 몇 벌 살 수 있었습니다. 나는 이 모든 것을 적은 다음 나의 재정적인 상태에 관하여 주님께 기도하며 나아갔습니다. 나는 집을 멀리 떠나서 집회를 인도하고 있었습니다. 금식하면서 매일 주님께 나의 사정을 말씀드렸습니다. 주님께 "주님, 주님께서 제가 목사로서 섬기던 교회를 떠나라고 하셨을 때 주님께 순종하여 순회 집회 사역을 하였음을 주님은 아십니다. 나는 주님께서 하라고 하신 것을 했습니다. 그리고 주님은 '네가 즐겨 순종하면 땅의 아름다운 것을 먹으리라'고 하셨습니다."

"여기 보십시오, 주님! 나의 마지막 교회는 제게 사례비를 이렇게 주었고 뿐만 아니라 사택과 가구들도 다 마련해 주었습니다."(그런데 이 사택은 우리가 살아보았던 사택 중에 가장 좋은 사택이었습니다. 모든 관리비는 다 지불되었으며 성도들이 끊임없이 사택으로 우리를 위해 음식을 가져다주어서 아마도 우리가 먹는 것의 반은 성도들이 공급했을 것입니다.)

그리고 나서 주님께 말씀드렸습니다. "그들은 우리가 갈 필요가 있는 모든 집회에도 보내주었습니다. 교회에서 오가는 비용을 여러 번 지불해 주었습니다. 새 옷이 필요하면 저와 아내를 위해 새 옷까지 사 입혀서 보냈을 것입니다."

그들은 우리가 그들을 대표하기 때문에 우리가 잘 차려입고 회의에 참석하기를 원했습니다. 주님께 내가 적어둔 그 숫자를 보여드렸습니다. 나는 계속해서 말씀드렸습니다.

"그런데 주님, 여기 저의 올해 총 수입이 있습니다. 이것이 내가 올해 받을 봉급까지 다 포함한 돈입니다."

그 돈은 내가 전년도에 받은 것보다 현금이 실제로 1200불이나 적은 액수였습니다. 그 뿐만 아니라 나는 이제 여행경비, 주택월세, 주택관리비 일체를 제가 집회하여 받은 돈에서 다 내야했습니다. 그뿐만 아니라 나는 집회에 참석하는 비용도 스스로 다 내야했습니다.

"주님, 보시다시피 이 비용이 제 봉급의 거의 반쯤이나 됩니다." 그리고 나는 덧붙여 말했습니다.

"주님, 제가 전에 있던 곳에 있었더라면 얼마나 더 살기가 좋았겠습니까? 뿐만 아니라 성도들은 제가 그 교회에 있기를 바랐었습니다. 교회 중직자 회의에서도 '해긴 형제, 형제가 우리와 함께 있다면 우리는 형제를 예수님이 다시 오실 때까지 여기 있을 수 있도록 무기한 종신 목사로 투표할 것입니다' 라고 했습니다."

실제로 우리의 목회생활 모든 해를 통틀어 가장 편했기 때문에 우리는 그러기를 원했었습니다. 우리는 가장 좋은 사택에서 살고 있었고 우리가 받던 것 중에 가장 많은 사례비를 받고 있었습니다. 교회도 잘되고 있었습니다. 그런데 주님이 "가라"고 하셔서 떠났습니다.

"주님, 저는 주님께 순종했습니다. 주님께서 제게 말씀하시지 않았더라면 눈에 보이는 대로는 나는 전에 있던 곳에 그냥 있는 것에 완전히 만족했을 것입니다."(나는 눈에 보이는 대로, 즉 영적인 관점이 아니라 육신적인 관점이라고 말했습니다. 우리가 영적일 때는 우리는 하나님께 순종합니다. 그러나 우리 육신은 항상 기꺼이 순종하는 것은 아닙니다.)

"저는 주님께 복종했습니다만 지금 우리는 방 셋 달린 아파트에 살고 있습니다. 나의 자녀들은 적합한 집에 살지도 못하고 제대로 입지도 못하고 있습니다. 잘 먹이지도 못하고 있습니다. 우리가 땅의 좋은 것을 먹고 있지 못하는 것만은 분명합니다."

당신은 기꺼이 순종해야 합니다

나는 이사야 1장 19절을 인용하면서 주님께 이렇게 말씀드렸던 것입니다. 사흘쯤 되었을 때 주님께서는 다른 신자들에게 말씀하시는 방법과 똑같은 방법으로 – 우리는 이것을 조용하고 작은 목소리, 즉 세미한 음성이라고 합니다 – 내게 말씀하셨습니다.

주님은 "네가 땅의 좋은 것을 먹지 못하고 있는 것은 네가 자격이 없기 때문이다."라고 말씀하셨습니다. 나는 "제가 자격이 없다고요? 무슨 말씀이십니까? 저는 주님께 순종했습니다. 그 성경말씀은 '네가 만일 기꺼이 순종하면…' 이라고 말했습니다."

"그래, 맞다." 주님께서 대답하셨습니다.

"너는 순종 쪽은 자격이 있지만 기꺼이 쪽은 자격이 없다.

그러므로 너는 자격이 없는 것이다."

　미리 말한다면 하나님의 말씀은 항상 진리입니다! 성경은 "사람은 다 거짓되되 오직 하나님은 참되시다 할지어다"라고 말했습니다. 만일 당신이 땅의 좋은 것을 먹고 있지 못하다면 아마도 당신이 자격이 없기 때문일 것입니다. 이어서 주님은 내게 말씀하셨습니다.

　"그래, 너는 내게 복종했다. 교회를 떠나는 것은 잘했지만 너는 기꺼이 떠나지는 않았다."

　기꺼이 순종하는 데는 오랜 시간이 걸리지 않습니다. 나도 그 정도는 알고 있었습니다. 주님께서 내게 이 말씀을 하셨을 때 나는 10초 이내에 기꺼이 그리하였습니다. 나는 단지 내 영에 약간의 교정을 했을 뿐입니다. 그리고 나는 말했습니다.

　"주님, 이제 저는 준비가 되었습니다. 저는 땅의 좋은 것을 먹을 준비가 되어 있습니다. 저는 기꺼이(willing) 자원합니다. 저는 제가 기꺼이 이렇게 함을 알고 있습니다. 주님도 제가 기꺼이 순종함을 아십니다. 그리고 마귀도 제가 기꺼이 자원함을 알고 있습니다."

　물론 기꺼이 순종한다는 것의 한 부분은 당신의 동기가 순수한 상태를 유지하는 것입니다. 하나님께서는 사람의 중심(heart)을 보시므로 하나님은 어떤 태도가 그 사람에게 동기를 부여하고 있는지 아십니다(삼상 16:7). 동기가 바르지 않으면 그는 회개하고 필요한 조정을 해야 합니다. 하나님께서 동기가 순수하지 못한 사람을 축복하시지는 않으실 것입니다.

그 사람은 기꺼이 순종하고 바른 동기를 가지고 있어야만 합니다. 나는 기꺼이 자원하는 부분과 순종하는 부분을 해결하였고, 내가 바른 동기를 가지고 있다는 것에 대해 확신하게 되었습니다. 그러나 또 한편으로는 내가 땅의 좋은 것을 먹기 위해 주님께서 나의 생각을 바꾸어주셔야 할 부분이 남아 있었습니다. 나의 사고가 바뀌어서 하나님께서 부요함이란 주제에 대해 말씀 안에서 말하고 있는 바와 내 생각이 일치해야만 했습니다.

다음은 왜 사람들이 땅의 좋은 것을 먹고 있지 못하는지 그 이유들입니다. 성경이 그 방법을 말하고 있음에도 불구하고 사람들이 하나님의 말씀 안에 살지 않는다는 단순한 사실 때문일 수도 있습니다.

제 2 장

재정 영역에 관한 우리의 권세
(Our Authority In The Area Of Finances)

　내가 기도하며 금식하여 말씀 가운데 시간을 드리면서 주님 앞에 나의 재정에 관한 응답을 기다리고 있는데 주님은 "시작들의 책으로 돌아가라."고 말씀하셨습니다. 내가 기꺼이 순종하려고 했기 때문에 하나님은 내 생각을 어떻게 고쳐야 할 것인지 보여주셨습니다. 주님께서 '시작의 책'이라고 한 것은 '창세기'를 말함을 나는 알고 있었습니다.
　주님께서는 계속해서 주님께서 세상과 그 안에 가득한 것을 만드셨다고 말씀하셨습니다. 주께서 창조하셨습니다. 그 분은 내게 "그리고 나는 나의 사람 아담을 창조했다."고 말씀하셨습니다. 주님은 사람이 혼자 사는 것이 좋지 않으므로 이브를 또 만드셨습니다.
　주님은 그들에게 말씀하셨습니다. "내 손으로 만든 모든 것들을 다스리게 하겠다"(창 1:26, 28). 얼마나 많이 입니까? 그분이 만든 모든 것들을 다스리도록 하셨습니다!

"태초에 하나님이 천지를 창조하시니라, 하나님이 이르시되 우리의 형상을 따라 우리의 모양대로 우리가 사람을 만들고 그들로 바다의 물고기와 하늘의 새와 가축과 온 땅과 땅에 기는 모든 것을 다스리게 하자 하시고 하나님이 자기 형상 곧 하나님의 형상대로 사람을 창조하시되 남자와 여자를 창조하시고, 하나님이 그들에게 복을 주시며 그들에게 이르시되 생육하고 번성하여 땅에 충만하라, 땅을 정복하라, 바다의 고기와 공중의 새와 땅에 움직이는 모든 생물을 다스리라 하시니라 하나님이 가라사대 내가 온 지면의 씨 맺는 모든 채소와 씨 가진 열매 맺는 모든 나무를 너희에게 주노니 너희 식물이 되리라 또 땅의 모든 짐승과 공중의 모든 새와 생명이 있어 땅에 기는 모든 것에게는 내가 모든 푸른 풀을 식물로 주노라 하시니 그대로 되니라"(창 1:1, 26-30)

창세기 1장과 시편 50편 10-12절 말씀을 내게 보여 주신 다음 주님은 다른 성경 구절도 있다고 알려주셨습니다. "은도 내 것이요, 금도 내 것이다. 만군의 주께서 말씀하셨다"(학 2:8). 그리고 주님은 "모든 것들이 내 것이다. 내가 소유하고 있기 때문이 아니라 내가 모두 창조했기 때문에 내 것이다."라고 말씀하셨습니다.

"그런데 내가 언덕 위의 수천 마리 가축을 누구를 위해 창조하였겠느냐? 은과 금은 누구를 위해 창조했겠느냐? 마귀의 추종자들을 위해서였겠느냐? 물론 아니다. 나는 이 모든 것들을 나의 사람 아담을 위해 만들었다."

계속해서 주님은 말씀하셨습니다. "그러나 나의 백성은 잘못된 생각을 가지고 있다."

알다시피 마귀는 나이트클럽을 운영할 수 있습니다. 마귀의 추종자들은 이런 사업을 기꺼이 세우고 있습니다. 그 때 누가 교회를 위해 좋은 안내 간판 하나만 세우려 해도 꼭 반대하는 사람들이 있습니다. 마귀가 그들의 눈을 가린 것입니다.

어떻게 주께서 아담을 위해 만드신 대부분의 은과 금을 마귀와 그의 추종자들이 가지고 있을까요? 여러분은 이것에 대해 궁금해 본 적이 있습니까? 주님은 말씀하셨습니다.

"은과 금은 마귀와 그의 추종자들을 위해 여기 있는 것이 아니다. 내가 그것들을 나의 사람 아담을 위해 만들었으나, 아담이 내게 대반역을 저지르므로 아담이 그것을 팔아버린 것이다! 아담이 반역을 하였고 그는 모든 것을 사탄에게 항복하고 다 넘겨주었다."

> "마귀가 또 예수를 이끌고 올라가서 순식간에 천하 만국을 보이며 이르되 이 모든 권위와 그 영광을 내가 네게 주리라 이것은 내게 넘겨 준 것이므로 내가 원하는 자에게 주노라 그러므로 네가 만일 내게 절하면 다 네 것이 되리라 예수께서 대답하여 이르시되 기록된 바 주 너의 하나님께 경배하고 다만 그를 섬기라 하였느니라"
> (눅 4:5-8)

하나님께서는 아담을 창조하셨을 때 세상과 그에 충만한 것들을 창조하셔서 그에게 넘겨주셨으므로 아담은 어떤 의미에서는 이 세상의 신이었습니다(창 1:26, 28). 그러나 고린도후서 4장 4절을 보면 사탄이 이 세상의 신이라고 되어 있습니다. 사탄은 처음부터 이 세상의 신은 아니었습니다. 그러면 어떻게 사탄이 이 세상의 신이 되었을까요? 아담이 반역죄를 저지르고 사탄에게 팔아 버린 것입니다. 아담은 하나님께 불순종하고 사탄에게 팔아버릴 도덕적 권리(moral right)는 없지만 법적 권리(legal right)는 있었습니다.

누가복음 4장 6-7절을 보십시오. 사탄이 예수님께 "이 모든 권세와 그 영광을 내가 네게 넘겨주리라. 이것은 내가 넘겨받은 것이므로 내가 원하는 자에게 주노라. 그러므로 네가 만일 내게 절하면 다 네 것이 되리라."라고 말하고 있습니다. 즉 아담이 그의 권세를 사탄에게 넘겨준 것을 알 수 있습니다.

어떤 사람들은 "그 권세는 사탄이 줄 수 있는 사탄의 것이 아닙니다."라고 말합니다. 그렇지만 만일 그것이 사탄이 줄 수 있는 것이 아니라면 예수님께 그것은 유혹이 될 수도 없었을 것입니다. 만일 그것이 유혹이 아니었다면 왜 성경은 예수님께서 유혹을 받으셨다고 했겠습니까?(눅 4:2) 예수님께서 실제로 마귀에게 유혹을 받지 않았다고 생각하는 것은 우스꽝스러운 일입니다. 비록 예수님이 하나님이신 것을 알고 있지만 우리는 또한 예수님은 사람이었다는 것도 깨달아야 합니다. 예수님은 유혹을 받으셨습니다(히 4:15). 사탄은 순식간에 세상의 모든 왕국들을 예수님께 보여주며 말했습니다.

"이 모든 권위와 그 영광을 내가 네게 주리라. 왜냐하면 이 것은 내게 넘겨준 것이므로."

누가 사탄에게 넘겨주었습니까? 아담이 넘겨주었습니다!

주님은 이 모든 것을 내게 말씀하시면서 이 사실을 재정분야에 관한 믿음과 연결시키셨습니다. 내가 주님 앞에 기도하며 기다리고 있을 때 주님은 성령으로 내게 말씀하셨습니다.

"네게 필요한 돈은 그 아래 세상에 있다. 이곳 천국에 있는 것이 아니다. 나는 미국 돈 달러를 이곳에 가지고 있지 않다. 나는 천국으로부터 돈을 비처럼 부어주지 않을 것이다. 내가 그렇게 한다면 위조지폐가 될 것이니까 말이다. 나는 위조지폐 제조업자가 아니다."

> "주라 그리하면 너희에게 줄 것이니 곧 후히 되어 누르고 흔들어 넘치도록 하여 너희에게 안겨 주리라 너희가 헤아리는 그 헤아림으로 너희도 헤아림을 도로 받을 것이니라"(눅 6:38)

여기서 보다시피 사람이 당신에게 줄 때 그 뒤에는 하나님이 계신 것입니다. "… shall MEN give into your bosom (사람들이 네 가슴에 안겨 주리라)." 그래서 주님은 '네가 거기서 필요한 돈은 거기 밑에 있고 나는 천국으로부터 돈을 비처럼 내려주지 않을 것이다. 나는 여기 가지고 있는 돈이 없다. 내가 천국에서 비처럼 돈을 내리면 그 돈들은 위조지폐일 것이며 나는 위조지폐 제조업자가 아니다.' 라고 말씀하신 것입니다.

그리스도 안에서 우리에게는 권세가 주어졌습니다

우리가 우리의 필요를 충족시키기 위해 권리를 주장할 수 있는 이유는 예수님께서 지구에 오셔서 사탄을 패배시켰기 때문입니다. 우리는 세상에 있지만 세상에 속한 것은 아닙니다(요 15:19). 그럼에도 우리는 이 세상에서 살아야만 합니다. 우리는 사탄의 패배를 집행하고 하나님께서 우리에게 우리가 그리스도 안에서 소유하고 있는 재정적인 부요함을 포함한 축복들을 즐길 수 있도록 주신 권세를 사용해야 합니다.

> "우리로 하여금 빛 가운데서 성도의 기업의 부분을 얻기에 합당하게 하신 아버지께 감사하게 하시기를 원하노라"(골 1:12)

이것이 지금 이 생에 있어서 우리에게 속한 것입니다.
그 다음 구절을 보십시오. 예수님이 사탄을 패배시킨 결과로 하나님께서 주신 빛 가운데 있는 성도의 유산입니다.

> "그가 우리를 흑암의 권세에서 건져내사 그의 사랑의 아들의 나라로 옮기셨으니"(골 1:13)

이 구절에서 "… 건져내셨다…"고 하신 것에 주의하십시오. 예수님께서 우리를 미래에 구원해 내시는 것이 아닙니다. 주님은 우리를 이미 구원해 내셨습니다. 나머지 구절은 말하고 있습니다. "그가 우리를 흑암의 권세에서 건져내사 그의 사랑의 아들의 나라로 옮기셨으니".

'권세'(power)란 단어에 주의하십시오. 신약성경에는 'power'로 번역된 그리스어가 몇 개 더 있습니다. 골로새서 1장 13절의 단어는 'authority', 즉 권세를 의미하고 있습니다. 다른 말로 하면, 하나님께서는 흑암의 지배 혹은 권세로부터 우리를 건져내셨다는 말입니다. 그렇다면 흑암의 지배 혹은 권세란 무엇입니까? 그것은 사탄의 왕국입니다. 예수님께서 사도 요한을 통해서 요한일서 5장 19절에 "온 세상은 악한 자 안에 처한 것이며"라고 말씀하신 것을 기억하십시오. 주님은 영적 흑암과 영적 죽음에 관하여 말씀하고 계십니다.

우리는 세상에 있지만 세상에 속해 있는 것은 아닙니다. 온 세상이 흑암 안에 있지만 하나님께서는 흑암의 능력으로부터 우리를 건져내셔서 그의 사랑의 아들의 왕국으로 옮겨 놓으셨습니다!(골 1:13) 이것이 우리의 기업입니다.

자, 이제 골로새서 2장을 봅시다.

"또 너희의 범죄와 육체의 무할례로 죽었던 너희를 하나님이 그와 함께 살리시고 우리에게 모든 죄를 사하시고 우리를 거스리고 우리를 대적하는 의문에 쓴 증서를 도말하시고 제하여 버리사 십자가에 못 박으시고 정사와 권세를 벗어 버려 밝히 드러내시고 십자가로 승리하셨느니라"(골 2:13-15)

할렐루야! 예수님께서 이루신 일 때문에 우리는 승리하는 사람들이 되었습니다. 주님은 자신만을 위해서 승리하신 것이 아닙니다. 주님은 그럴 필요가 없으셨습니다. 주님께서 하신 일은 나를 위해 하신 것입니다. 당신을 위해 이루신 것입니다. 우리를 위해 행하신 것입니다!

주님께서 우리의 대신이 되셨습니다. 주님께서 우리 자리를 취하셨습니다. 주님께서 원수를 패배시키셨을 때 우리가 원수를 패배시켰다고 우리의 신용장에 기록이 되었습니다. 하나님께 찬양을 드립니다. 그러므로 우리는 사탄에게 재정 분야를 포함해서 무엇이든지 우리에게 속한 것으로부터 손을 떼라고 말할 권세를 가지고 있습니다.

그런데 아직도 어떤 사람들은 '전투하는' 교회에 관해 말하며 돌아다닙니다. 그들은 예수님께서 사탄을 이미 쫓아내신 것을 모르고 있습니다! 그러나 또 어떤 사람들은 "그렇습니다만 당신은 바울이 디모데에게 좋은 군인이 되라(딤후 2:3)고 말한 것을 모르고 있습니까? 그러므로 우리는 군인입니다. 우리는 군대에 속해 있습니다"라고 말합니다.

맞습니다. 그러나 우리는 점령군입니다! 다른 말로 하면, 우리는 예수님께서 이미 이기신 뒤에 따라와서 전장을 싹쓸이하는 군인입니다!

할렐루야! 승리하는 교회이지 전투하는 교회가 아닙니다! 예수님께서는 십자가를 통해 모든 세상의 정사와 권세들을 이기신 것을 천국과 땅과 지옥 앞에 보여주셨습니다!(골 2:15)

말씀은 우리가 정복자보다 나은 자들이며 예수 그리스도를 통해 세상을 이겼다고 말하고 있습니다. 말씀은 우리가 율법의 저주, 즉 가난과 질병 그리고 영적 죽음으로부터 구원받았음(redeemed from, 값을 치르고 자유롭게 되었음을 뜻함)을 선언하고 있습니다. 말씀은 또한 예수의 이름으로 마귀를 이기는 권세가 우리에게 주어졌으므로 우리는 이 권세를 사용하며 우리의 재정적인 필요가 만족되도록 주장할 것을 말하고 있습니다. 그러므로 말씀이 말하고 있는 대로 생각하고 말하는 것을 배우십시오. 당신은 말씀이 당신이 가질 수 있다고 한 것을 가질 수 있고, 말씀이 당신에 대해서 말하는 그대로의 사람입니다. 당신은 하나님께로부터 태어났습니다!

"자녀들아 너희는 하나님께 속하였고 또 그들을 이기었나니 이는 너희 안에 계신 이가 세상에 있는 자보다 크심이라"(요일 4:4)

구약성경에는 긴 족보가 기록되어 있습니다. 이스라엘 사람들은 자신들의 족보를 기록해 두는 것이 필요했습니다. '누가 누구를 낳았고…' 하는 수많은 페이지가 있습니다(그 이름들은 발음하기조차 너무나 어렵습니다). 조금 읽고 있노라면 이 많은 이름 때문에 지쳐서 그냥 족보부분은 뛰어넘어서 다른 곳을 읽고 싶기도 합니다.

그러나 신약성경에서 우리는 우리 자신의 족보를 단 네 단어로 쓸 수 있습니다. "우리는 하나님으로부터 났다(I am of God)."

할렐루야! 당신이 거듭났다면 크게 말하십시오. "나는 하나님으로부터 났다(I am of God)"(요일 4:4).

요한1서 3장을 다시 봅시다.

"보라 아버지께서 어떠한 사랑을 우리에게 주사 하나님의 자녀라 일컬음을 얻게 하셨는고, 우리가 그러하도다. 그러므로 세상이 우리를 알지 못함은 그를 알지 못함이니라"(요일 3:1)

우리는 그런 사람들입니다! 우리는 우리가 누구인지 정확히 알고 있습니다. 말씀에 따르면 우리는 하나님으로부터(of God) 말미암았습니다! 우리는 하나님의 아들입니다. 우리는 그리스도 예수 안에서 새로운 피조물입니다. 그의 영이 우리가 하나님의 자녀인 것을 우리 영과 함께 증거하고 있습니다(롬 8:16).

하나님을 찬양합시다! "어린 아이들아, 너희는 하나님으로부터 태어났다(You are of God)"(요일 4:4). 이것이 우리의 족보입니다!

하나님으로부터 난 자들은 이기는 자들이다!

요한일서 4장 4절에서 다음 구절을 봅시다. "… 그리고 그들을 이기었다…"

누구를 이기었다는 것입니까? 요한이 1절부터 3절까지 언급했던 모든 귀신들과 악한 영들을 말합니다. "너희는 그들을 이기었다."

"글쎄요, 내가 그들을 이겼다면 어째서 나는 이렇게 그들과 문제를 많이 가지고 있을까요?"라고 어떤 사람들은 묻습니다. 그것은 당신이 그들을 이겼다는 것을 모르기 때문입니다! 당신이 알지 못하기 때문에 행동하지 못하는 것입니다! 이 구절이 당신이 그들을 '이기게 될 것'이라고 말하고 있지 않은 것을 주의하십시오. 이 구절은 분명히 우리가 그들을 '이겼다'고 말하고 있습니다. 과거형입니다.

"너희가 그들을 이겼노라"(요일 4:4). 어떻게 이것이 가능합니까? 그 나머지 구절 때문입니다. "너희 안에 있는 그 분이 세상에 있는 자보다 더 크기 때문에 너희들은 그들을 이겼다!"고 말합니다.

> "자녀들아 너희는 하나님께 속하였고 또 그들을 이기었나니 이는 너희 안에 계신 이가 세상에 있는 자보다 크심이라"(요일 4:4)

바울은 골로새에 있는 교회에 이렇게 편지를 썼습니다. "…너희 안에 계신 그리스도 곧 영광의 소망"(골 1:27)

> "하나님이 그들로 하여금 이 비밀의 영광이 이방인 가운데 어떻게 풍성한 것을 알게 하려 하심이라 이 비밀은 너희 안에 계신 그리스도시니 곧 영광의 소망이니라"(골 1:27)

이것은 신비한 것입니다. 성령으로 말미암아 그리스도께서 우리 안에 계십니다. 우리는 그리스도의 몸입니다. 그리스도는 머리이고 우리는 그 몸입니다. 당신의 몸이 당신의 머리가 경험한 것과 다른 것을 경험할 수 있습니까? 아닙니다. 그럴 수 없습니다. 마찬가지입니다. 주 예수님의 승리는 우리의 승리입니다. 주님께서 귀신들과 악한 영들을 이기고 무력하게 하셨을 때 이것은 우리의 공로(credit)로 기록되었습니다.

"너희가 그들을 이겼다"(요일 4:4)라고 하신 것을 주의해서 보십시오.

그런데 왜 사람들은 악한 영들 때문에 고통 받고 있을까요? 그들의 잘못된 생각 때문입니다! 그들은 그리스도 안에서 그들이 귀신들과 악한 영들을 이겼다는 것을 모르고 있습니다. 모르기 때문에 행동하지 않습니다. 믿는 자들은 사탄을 이기는 권세를 소유하고 있습니다. 그들은 이 사실을 믿고 재정분야를 포함하여 그들의 삶의 각 분야에 이 권세를 사용해야 합니다.

예수님은 가난과 모자람을 포함한
모든 마귀의 일을 패배시켰습니다

이 말씀과 일치하여 우리의 생각을 도와줄 다른 성경 구절이 있습니다.

"내 말과 내 전도함이 지혜의 권하는 말로 하지 아니하고 다만 성령의 나타남과 능력으로 하여 너희 믿음이 사람의 지혜에 있지 아니하고 다만 하나님의 능력에 있게 하려 하였노라 그러나 우리가 온전한 자들 중에서 지혜를 말하노니 이는 이 세상의 지혜가 아니요 또 이 세상의 없어질 관원의 지혜도 아니요"(고전 2:4-6)

골로새서 2장 15절에서 우리가 읽은 것을 기억하십시오. "통치자들과 권세들을 무력화하여 드러내어 구경거리로 삼으시고 십자가로 그들을 이기셨느니라"(골 2:15).

예수님은 통치자들과 권세들을 노략하셨습니다! 좋은 관주 성경의 관주를 보면 "그는 정사들과 권세들을 무력화했다"고 되어있을 것입니다. 주님은 그들을 아무것도 아닌 것으로 만들어 버렸습니다. 다른 말로 하면, 그들은 우리를 지배하는데 아무런 힘도 사용할 수 없게 된 것입니다. 그러므로 그들은 재정적으로도 우리를 지배할 수 없습니다.

이 정사들과 권세들이 자리에서 쫓겨났는데도 왜 그들은 아직도 이 세상을 지배하고 있습니까? 세상은 그들이 권좌에서 물러났다는 것을 모르고 있기 때문입니다. 사람들은 이것을 모르고 있기 때문에 이 사실에 입각해서 행동을 할 수 없는 것입니다! 그래서 예수님께서는 자신이 구원(deliverance)을 전파하기 위하여 성령으로 기름부음을 받았다(우리도 마찬가지 입니다)고 말씀하셨습니다!

어떤 사람들은 "구원을 설교한다는 것이 무엇을 의미하는 것입니까?"라고 묻습니다. 사로잡혀 있는 사람들에게 설교하십시오.

"여러분들은 구원받았습니다! 예수님께서 여러분을 구원하셨습니다! 마귀의 권세들은 무력화 되었습니다! 그들은 권좌에서 쫓겨났습니다!"

"자녀들아 너희는 하나님께 속하였고 또 그들을 이기었나니 이는 너희 안에 계신 이가 세상에 있는 자보다 크심이라"(요일 4:4)

어떤 사람들은 "나는 그들을 이기려고 노력하고 있습니다."라고 말합니다. 아닙니다. 노력하지 마십시오. 여러분은 예수님께서 행하신 것을 믿음으로 받아들이기만 하십시오. 주님이 하신 것은 당신들을 위해서 행하신 것입니다! 그리스도의 승리는 여러분의 승리입니다. 주님께 영광을 돌립니다!

우리의 권세를 행사하기

그래서 주님은 나에게 필요한 돈을 내가 요구하고 주장하라고 하셨고 나는 주님께서 말씀하시는 바를 이해했습니다.

주님은 나에게 재정분야에서도 나의 영적 권세를 믿고 행사하라고 말씀하셨습니다. 주님은 이렇게 말씀하셨습니다. "네게 필요한 돈은 하늘나라에 있지 않다. 나는 여기에서 세상의 돈을 가지고 있지 않다. 네게 필요한 돈은 그 아래에 있다. 돈을 네게 오지 못하게 하는 것은 내가 아니라 사탄이다."

"사탄은 아담의 임대차 계약이 끝날 때까지 거기 있을 것이다."(그리고 나면 사탄은 얼마동안 밑이 없는 구덩이에 쳐 넣어질 것이고 그 후에 마침내 불 못에 던져질 것입니다. 하나님께 감사드립니다.)

주님께서는 "네가 지금까지 하던 대로 돈에 대해 기도하지 말아라. 무엇이 필요하든지 예수의 이름으로 요구하거라. 그리고 너는 이렇게 말해라. '사탄아, 내 돈에서 손을 뗄지어다.' 그리고는 '섬기는 영들아, 가서 그 돈이 오도록 만들어라.' 라고 말해라."

그 때가 1950년도였습니다. 그 날 이후 나는 돈에 관하여는 기도하지 않았습니다. 사적으로 내 자신에 관해서는 말입니다. 레마 성경 훈련소에 관해서는 별개의 문제입니다. 훈련소의 필요는 우리를 돕는 사람들에게 알리는데, 왜냐하면 그것은 나만의 책임이 아니기 때문입니다. 이것은 교회에서도 마찬가지입니다. 이것은 단지 한 사람의 책임이 아닙니다. 목사만 하나님을 믿는 것이 아니라, 우리 모두가 하나님을 믿어야 합니다.

그러나 한편으로 목사는 목사로서의 권위와 함께 목사로서의 책임도 있습니다. 즉 목사는 교회에서 중요한 일을 하며 동시에 중요한 결정을 해야 하는 큰 책임을 가집니다.

천사들은 섬기는 영입니다

1950년대 나에게 재정에 관한 믿음이 역사하기 시작했을 때, 사실 이것은 내게 완전히 새로운 것이었습니다. 나는 주님께 이렇게 말했습니다.

"무슨 뜻으로 말씀하시지요? 우리가 원수에게 권세를 사용할 수 있고, 우리가 필요한 돈을 요구하고 주장할 수 있으며, 사탄에게 '사탄아, 내 돈에서 손을 뗄지어다.' 라고 말하라고 하는 부분은 이해가 됩니다만 '섬기는 영들아, 가서 돈이 들어오도록 만들지어다(Cause the money to come).' 라고 하는 것은 무슨 뜻입니까?"

"너는 내 말씀에 천사들은 구원의 상속자들을 위해서 섬기라고 보냄 받은 영들이라고 한 곳을 읽어본 적이 없느냐?" (히 1:14)라고 주님께서 말씀하셨습니다.

나는 '우리를 섬기다(minister to us)' 라고 말하고 있는 것으로 알고 있었으므로 성경을 찾아 읽어 보았습니다. 수년 동안 성경을 읽고 또 읽으면서도 말씀이 말하고 있는 것을 그대로 파악하지 못하고 그냥 읽어 넘어간다는 것이 이상하지 않습니까?

> "어느 때에 천사 중 누구에게 내가 네 원수로 네 발등상이 되게 하기까지 너는 내 우편에 앉아 있으라 하셨느냐 모든 천사들은 섬기는 영으로서 구원 받을 상속자들을 위하여 섬기라고 보내심이 아니냐"(히 1:13-14)

13절에서 '천사 중 누구에게' 라고 한 것을 주의해 보십시오. 그러므로 그는 여기서 천사에 관해 말하고 있습니다. 이제 14절을 보십시오. "모든 천사들(얼마나 많은 천사들입니까? '모든' 천사들입니다)은 섬기는 영으로서…"

천사들은 영적 존재들입니다. 그들은 "…섬기는 영들, 구원 받을 상속자들을 위하여 섬기라고 보내심을 받은 자들(… ministering spirits, sent forth to minister FOR them shall be HEIRS OF SALVATION)"(히 1:14)입니다. 바로 우리입니다! 천사들은 우리를 위해 섬기려고 보냄 받은 섬기는 영들입니다. 'FOR', 즉 '우리를 위하여' 그들은 우리를 위해 무언가를 하려고 보냄 받았다는 뜻입니다!

반면에 사탄의 왕국에서는 사탄이 우두머리입니다. 알다시피 이 모든 귀신들과 다른 영들은 사탄의 일을 하고 있습니다. 여러분은 어떤 사람들이 "사탄이 내가 그 일을 하도록 하였다(influenced me)"라고 말하는 것을 가끔 들을 것입니다. 글쎄요, 그 시간에 사탄이 거기에 있지는 않았을지 모르지만 있었다면 사탄이 아니라 사탄이 보낸 사탄의 대사 중에 하나였겠지요. 이 귀신들과 악한 영들은 사람들에게 영향을 끼칩니다.

그들은 그리스도인들에게도 그들이 허락하기만 하면 영향력을 행사합니다. 귀신들이 사람들에게 영향을 끼치듯이 좋은 영들, 즉 섬기는 영들도 역시 사람들에게 영향을 끼칠 수 있습니다.

나는 내가 받은 것을 실천에 옮깁니다

주님으로부터 이러한 계시를 받은 후에 나는 내가 집회를 열고 있는 교회의 강단에 섰습니다. 솔직히 말하면 이것은 새로운 계시였기 때문에 나는 무릎이 떨렸습니다. 나는 독사나 폭동을 두려워하여 떠는 것과는 다른 거룩한 경외감으로 떨었던 것입니다. 사도 바울이 "내가 너희 가운데 거할 때에 약하고 두려워하고 심히 떨었노라"(고전 2:3)고 말한 것을 기억하십시오. 내가 경험했던 것은 고통스런 두려움과는 전혀 다른 것이었습니다. 그것은 거룩한 두려움이었습니다.

주님께서 보여 주신 것은 내게 전혀 새로운 것이었기 때문에, 내 머리는 이렇게 말하고 있었습니다. '그렇게 해도, 그래도 되지는 않을거야.'

나는 강단 위에 서서 혼자 이렇게 말했습니다. '그럼, 이제 계산해보자. 한 주간 예산으로 150달러가 필요하다.' (큰 돈이 아닌 것 같지만 그 당시에는 큰 돈이었습니다.) 나는 그 교회에 한 주간 있게 되어 있었습니다. 그래서 나는 이렇게 말했습니다. "예수 이름으로 나는 이번 주에 150달러를 주장한다." 그리고 나서 나는 또 이렇게 말했습니다. "사탄아, 예수 이름으로 명하노라. 내 돈에서 손을 뗄지어다." 그리고 이렇게 말했습니다. "섬기는 영들아, 가서 그 돈이 들어오도록 하라." 이것이 내가 한 모든 것이었습니다.

그 후에 나는 목사님에게 말했습니다. "형제님, 헌금을 걷으려고 특별한 노력을 하지 마십시오. 형제가 나를 위해 헌금을 걷을 때가 되면, 가능한 이에 대해 조금만 말하십시오. 헌금에 대해 많이 말하지 말아주십시오."

그 목사님이 말했습니다. "그런데 목사님도 우리의 습관을 알고 있겠지만, 우리는 복음 전하는 자를 위해서는 화요일, 금요일과 주일 저녁에 헌금을 합니다. 우리는 작정헌금을 하는 데 익숙해있습니다. 내가 단지 '이것은 해긴 형제를 위한 헌금입니다.'라고 말하고 헌금함을 돌린다면 형제는 10센트도 받지 못할 것입니다."

나는 대답했습니다. "내가 10센트만 받게 된다 해도 목사님은 아무 불평 한마디도 내 입으로부터 듣지 못할 것입니다."

나는 바로 이 교회에서 1년 전에 다시 설교를 했었습니다. 바뀐 것은 목사 뿐이었고, 그 외에는 단지 두 명의 성도가 작년에 비해 늘어난 것 뿐 이었습니다. 교회는 거의 같은 크기였습니다. 구원받은 영혼은 한 사람도 없었습니다. 지난 해 내가 이 교회에서 설교했을 때 그들은 한 주에 57불 15센트씩 두 주 동안 사례비를 주었습니다. 합계가 114불 30센트였습니다. 그들이 그 헌금을 내게 주었을 때 그들은 마치 도저히 있을 수 없는 일을 이루어 냈다고 생각했습니다. 그 때 그 목사님은 30~40분을 사용하면서 "누가 1불을 내시겠습니까?" 하면서 헌금을 걷었습니다. (나를 오해하지 마십시오. 만일 주님께서 그렇게 하도록 인도하신다면 그렇게 해도 좋습니다. 사실은 나도 가끔은 이런 종류의 헌금을 걷도록 기름부음을 받은 적이 있었습니다.) 그러나 나는 이제 어떻게 믿음이 재정에 대해서도 역사하는지 보았으므로 이 목사님에게 말했습니다. "작정헌금은 받지 마십시오."

"아니, 뭐... 그렇게 하는 것이 목사님이 원하는 것이라면 그렇게 하겠습니다." 그 목사님이 말했습니다.

"네, 그렇게 하기를 원합니다."

집회는 시작되었고 잘 진행되었습니다. 그 목사님이 내게 물었습니다.

"목사님, 좀 더 계실 수 있습니까?"

"다음번 집회가 바로 있지만 집회 사이에 집에 잠깐 들릴 시간을 가질 생각이었습니다."라고 내가 말했습니다.

시간이 지나면서 그 목사님은 내가 그 다음 주 수요일까지, 즉 전체 집회날짜가 10일이 되도록 머물러 있게 나를 설득했습니다. 그래서 나는 내 예산에 맞도록 내게 필요한 금액, 즉 내가 요구할 금액을 바꿨습니다. 150불 대신에 나는 200불을 주장하였습니다.

나는 이에 대해 기도하지 않았습니다. 나는 내가 필요한 것을 예수의 이름으로 요구했습니다. "사탄아, 내 재정에서 손을 떼어라."라고 말한 후 "섬기는 영들아, 가서 그 돈이 오도록 하라."고 말했습니다.

집회가 끝났을 때 목사님은 나를 위해 걷은 헌금을 세어 보았습니다. 들어온 헌금은 243불 15센트였습니다!

"난 이런 것을 본 적이 없는데! 우리가 지금까지 걷은 헌금 중 가장 많은 금액입니다. 그것도 헌금을 많이 내라고 독려하는 말도 안하고 접시만 돌렸는데!"라고 말하며 그 목사님은 놀라워했습니다.

부요와 형통함(prosperity) 속으로 들어가는 나의 체험은 그날만 일어난 것이 아닙니다. 그 일 이후로 나는 내가 설교한 교회의 목사님들에게 똑같은 요구를 하였습니다. 그 결과는 항상 같았습니다. 아무 강조나 압력 없이도 내가 받은 헌금의 양은 증가하였고, 나의 가족과 나의 사역의 필요는 충족되었습니다.

나는 주님께서 내게 주신 계시를 실천에 옮기기 시작했습니다. 당신이 하나님으로부터 계시를 받으면 바로 나가서 설교하지 마십시오. 주님께서는 이 계시를 1950년에 제게 보여주셨지만 4년 후인 1954년까지 나는 이 계시를 설교하지 않았습니다.

모든 것을 확증해 보라

당신이 하나님으로부터 어떤 계시를 받거든 말씀으로 점검해보고 설교하기 전에 스스로 먼저 실천해 보기 바랍니다. 만일 그 계시가 당신에게 역사하지 않았다면, 그것은 다른 누구에게도 역사하지 않을 것입니다. 그 뿐 아니라 그 계시를 사역에 있어서 당신보다 높은 영적 권위에 있는 더 성숙한 사람들과 나누십시오.

1954년 12월 나는 뉴욕에서 바로 강 건너에 있는 뉴저지의 A. A 스위프트 형제를 위해 집회를 열었습니다. 그는 하나님의 성회 소속 목사였으며, 하나님의 성회 교단의 감독이었습니다. 그 때 그의 나이는 70대였고, 그는 중국에서 선교사로 사역을 했었습니다.

　나는 스위프트 형제와 그의 목사관에 머물면서 그와 함께 놀라운 교제의 시간을 가졌었습니다. 그의 경험과 성숙함을 존경하였으므로 나는 하나님께서 내게 보여주시고 가슴에 두신 것에 대해 조금 나누기 시작했습니다.

　조금 후에 그는 "내가 보니 주님께서 자네에게 말씀하고 계시네. 나는 그 계시를 1911년 중국에 있을 때 받았었네." 라고 말했습니다. 스위프트 형제는 '부요함'이란 주제에 관해 적어놓은 노트를 꺼내 오더니 그것을 내게 주었습니다. 그 내용은 내가 주님으로부터 받은 것과 완전히 일치하였습니다.

　후에 나는 '가난의 저주, 질병, 영적 죽음으로부터 속량 받음(Redeemed from the Curse of Poverty, Sickness, and Spiritual Death)'이라는 책을 썼는데 어떤 부분은 그가 내게 준 탁월한 연구 노트에 근거한 것이었습니다.

　스위프트 형제의 교회에서 예정된 나의 집회가 끝나고 작별 인사를 하려는 데, 이 존경스러운 하나님의 사람이 내게 말했습니다. "해긴 형제, 자네가 어디를 가든지 그 말씀을 설교하게!" 그래서 나는 부흥집회를 할 때 '부요함'에 관한 말씀을 포함해서 전하기 시작하게 되었습니다.

　어떤 곳에 가면 궁핍한 사고방식(poverty mentality)이 너무나 강해서 나의 메시지가 잘 받아들여지지 않았습니다. 그러나 어떤 곳의 사람들은 이 주제에 관한 말씀을 강해하는 것에 빨려들고 허기를 느꼈습니다.

내가 만난 목회자들 가운데에도 큰 관심을 보이는 분들이 있었습니다. 믿는 자들이 하나님의 말씀에 근거해서 그들이 필요한 재정을 어떻게 요구할 수 있는지를 하나님께서 내게 계시해 주신 것을 나누자, 한 목사님이 깊은 관심을 가지고 듣고 있었습니다.

그는 전 생애를 사역에 바쳤던 나이든 신사였습니다. 그와 그의 가족은 다 낡은 옷을 입고, 덜컹거리는 자동차와 다 무너져가는 오래된 집에서 비참한 가난 가운데 살았습니다. 내가 말할 때 눈물이 그의 눈에 고이더니 그의 얼굴을 타고 흘러내렸습니다.

"형제님, 이제 아시겠습니까?" 내가 물었습니다.

그는 머리를 천천히 저으며 안타까운 듯이 말했습니다.

"오! 해긴 형제, 하나님께서 내가 무엇이든지 가지기를 원하신다는 것을 믿을 수 있었더라면…"

하나님께서 우리 육신의 아버지보다 얼마나 많이 좋은 것을 주시길 원하실까요?

나도 그가 믿을 수 있었기를 바랐을 뿐입니다. 그는 정직하고 진지하고 좋은 사람이었습니다.

만일 그가 더 많은 자원을 가질 수 있었더라면, 그가 하나님의 왕국을 위해 무엇을 이룰 수 있었는지 누가 알겠습니까?

나는 예수님께서 산 위의 설교(산상수훈)에서 말씀하신 것에 관해 생각했습니다. "너희가 악한 자라도 좋은 것으로 자식에게 줄 줄 알거든 하물며 하늘에 계신 너희 아버지께서 구하는 자에게 좋은 것으로 주시지 않겠느냐"(마 7:11).

어떤 부모가 자녀들이 궁핍하고 부족한 가운데 가난에 찌들어서 인생을 살아가기를 원하겠습니까? 그런 부모는 아무도 없을 것입니다. 부모들은 자녀들이 부모 자신들보다 더 좋은 교육을 받고 특별한 돌봄을 받으며 더 많이 가질 수 있기를 바랍니다.

예수님께서 말씀하셨습니다.

"너희는 하나님께서 땅위의 아버지보다도 자녀들을 덜 위하실 것으로 생각하느냐? 아니다. 하나님은 요구하는 사람들에게 좋은 것을 주실 것이다."

하나님에 대한 믿음과 믿고 행해진 하나님의 말씀은 매번 결과를 가져올 것입니다. 나는 절박한 상황 가운데서도 어떻게 말씀이 내게 역사하였는지 수많은 경우를 말할 수 있습니다. 그렇지만 하나님의 복을 받아들이는 데는 하나님 편에서 하실 것과 사람 편에서 할 것이 있습니다.

이사야 1장 19절 말씀을 기억할 것입니다. "너희가 즐겨 순종하면 땅의 아름다운 소산을 먹을 것이요." 재정이나 하나님의 복에 대한 당신의 믿음을 효과적으로 행사하려면 당신은 먼저 즐거이 순종해야만 합니다. 그 다음에는 하나님의 말씀을 따라 생각하고 믿고 그 말씀의 빛 가운데 걸어가야 합니다. 이렇게 하면 당신의 믿음이 하나님께서 그의 위대한 속량 계획 가운데 당신을 위해 예비하신 것을 실제로 나타나게 할 것입니다.

제 3 장

예수님은 가난하셨을까요?
(Was Jesus Poor?)

그리스도인들을 위한 물질적인 부요에 대해 반대하는데 사용되는 논거 중의 하나는 예수님께서 땅 위에 사실 때 가난하였다는 것입니다. 그들은 예수님께서는 마구간에 태어나셔서 말구유 위에 놓여졌고 사역 기간 동안에는 집도 없었고 마침내 십자가에 못 박히시고 난 후 빌린 무덤에 묻히실 때까지 궁핍한 삶을 살았다고 말합니다.

예수님이 가난하셨다는 생각은 너무나 자주 반복되었고 너무나 오랫동안 전해 내려왔기 때문에 대부분의 사람들은 이에 대해 의문을 품거나 이 생각이 성경적으로 맞는지 알아보지도 않습니다. 그러나 이는 옳은 것이 아닙니다. 사실 이렇게 상식적으로 받아들여진 가르침이 성경의 분명한 가르침과 전적으로 반대가 되는 것이 종종 있습니다.

사실 예수님께서는 결코 '궁핍하고, 열악하며, 부족하고, 가난하고, 결핍되고, 연약하고, 불쌍하고, 모자라고, 불충분한' 삶을 살지 않으셨습니다. 이 단어들은 모두 '가난(poor)'이란 단어의 뜻을 정의하는데 사용되는 용어입니다. 물론 예수님이 태어나는 날 밤 요셉과 마리아는 마구간을 피할 곳으로 삼아야 했었습니다. 그들은 예수님을 보자기에 싸서 말구유에 뉘었습니다. 그러나 복음서의 이야기 어디에도 그들에게 방을 빌릴 만큼 충분한 돈이 없었다고 기록하고 있지 않습니다.

바로 그때 너무나 많은 사람들이 로마의 황제 시저 아우구스투스의 명령을 따라 세금을 위한 인구 조사를 하려고 베들레헴이란 작은 동네에 몰려들었기 때문에 여관에 방이 없었던 것입니다. 다른 말로 하면, 요셉과 마리아가 도착했을 때는 모든 여관들이 '빈방 없음'이란 표시를 걸어 두었더란 것입니다. 너무 사람이 많이 몰려든 베들레헴에 방이 없다는 것은 물론 그들이 가난했다는 표시가 될 수 없습니다. 예수님이 가난했다는 생각을 지지하는 두 개의 주요 성경 구절을 살펴봅시다.

"예수께서 이르시되 여우도 굴이 있고 공중의 새도 집이 있으되 인자는 머리 둘 곳이 없도다 하시고"(눅 9:58)

"우리 주 예수 그리스도의 은혜를 너희가 알거니와 부요하신 이로서 너희를 위하여 가난하게 되심은 그의 가난함으로 말미암아 너희를 부요하게 하려 하심이라"(고후 8:9)

누가복음에 있는 이 구절은 흔히 예수님께서 너무나 궁핍한 생활을 하셨기 때문에 그분이 지상 사역을 시작하신 이후로는 집을 소유한 적도 없고 머물 장소도 없었다고 해석되었습니다. 이 장 후반부에서 이 구절의 참된 의미를 좀 더 자세히 살펴 보겠습니다.

예수님께서는 언제 가난해지셨습니까?

고린도후서의 이 구절은 예수님께서 가난하게 되셨고 가난을 체험하셨다는 사실을 부인할 수 없도록 선언하고 있습니다. 그런데 언제 그렇게 되셨단 말입니까? 그분의 지상의 삶 전 기간을 말합니까? 그의 사역기간만을 말합니까? 정확하게 언제 예수님께서 가난하게 되셨단 말입니까?

예수님은 3년간의 그의 지상 사역을 포함해서 33년간의 지상의 생애동안 가난한 사람이 아니었다는 것을 나는 주장합니다. 예수님은 우리의 죄를 위해 형벌을 받고 값을 지불하고 우리의 대속물이 되신 십자가 위에서 가난하게 되셨습니다. 성경의 위대한 대속의 장인 이사야 53장은 예수님께서 어떻게 우리의 죄를 짊어지셨는지와 이에 관련된 모든 것을 말하고 있습니다. 예수님께서는 우리에게 속한 것을 스스로 짊어지시므로 우리가 그분께 속한 것을 받을 수 있도록 하셨습니다.

"그는 실로 우리의 질고를 지고 우리의 슬픔을 당하였거늘 우리는 생각하기를 그는 징벌을 받아 하나님께 맞으며 고난을 당한다 하였노라 그가 찔림은 우리의 허물 때문이요 그가 상함은 우리의 죄악 때문이라 그가 징계를 받으므로 우리는 평화를 누리고 그가 채찍에 맞으므로 우리는 나음을 받았도다 우리는 다 양 같아서 그릇 행하여 각기 제 길로 갔거늘 여호와께서는 우리 모두의 죄악을 그에게 담당시키셨도다 …… 여호와께서 그에게 상함을 받게 하시기를 원하사 질고를 당하게 하셨은즉 그의 영혼을 속건제물로 드리기에 이르면 그가 씨를 보게 되며 그의 날은 길 것이요 또 그의 손으로 여호와께서 기뻐하시는 뜻을 성취하리로다"(사 53:4-6, 10)

5절에서 '평화'라고 번역된 단어는 히브리말로 '샬롬'으로써 안전한, 좋은, 행복한, 복지, 건강, 형통함과 안식의 의미와 뜻을 가지고 있습니다. 다른 말로 하면, 이 구절은 하나님께서는 예수님이 우리의 죄와 질병을 짊어지시도록 허락함으로써 그가 맞은 채찍 때문에 우리가 치유, 평화, 안전, 안녕, 행복, 안식, 부요함을 누리도록 하셨다는 것입니다.

'대속(substitutionary)'에 관한 다른 생각해 볼 구절들도 있습니다.

"하나님이 죄를 알지도 못하신 이를 우리를 대신하여 죄로 삼으신 것은 우리로 하여금 그 안에서 하나님의 의가 되게 하려 하심이니라"(고후 5:21)

"그리스도께서 우리를 위하여 저주를 받은 바 되사 율법의 저주에서 우리를 속량하셨으니 기록된 바 나무에 달린 자마다 저주 아래 있는 자라 하였음이라 이는 그리스도 예수 안에서 아브라함의 복이 이방인에게 미치게 하고 또 우리로 하여금 믿음으로 말미암아 성령의 약속을 받게 하려 함이라"(갈 3:13-14)

갈보리에서 그리스도께서는 우리에게 건강을 제공하시기 위해 병을 짊어지셨습니다. 그분은 우리를 하나님의 의로 만들 수 있도록 죄가 되셨습니다(was made sin). 그분은 저주가 되시므로 우리가 복을 받을 수 있도록 하셨습니다.

고린도후서 8장 9절을 다시 봅시다. "우리 주 예수 그리스도의 은혜를 너희가 알거니와 부요하신 이로서 너희를 위하여 가난하게 되심은 그의 가난함으로 말미암아 너희를 부요하게 하려 하심이니라."

십자가 위의 희생으로 예수님은 우리의 가난을 가져가시고 그의 은혜를, 부요(riches)를 우리에게 제공하셨습니다. 우리를 부요하게 하시려고 그는 가난하게 되셨습니다. 부요란 풍성한 공급(abundant provision)을 의미합니다! 예수님께서는 언제 죄와 질병과 저주와 가난을 가져가셨습니까?

십자가 위에서입니다. 주님께서 이렇게 하신 것은 우리가 건강과 의와 복과 부요함을 받을 수 있도록 하기 위해서입니다. 내가 이것을 이렇게 확신하는 이유는 성경이 바로 이것을 말하고 있기 때문입니다. 올바로 살펴보고 분석해 보면 복음서들은 예수님을 가난에 찌든 개인으로 묘사하고 있지 않습니다. 오히려 예수님은 자신의 필요가 충족된 사람으로서 다른 사람들의 필요를 만족시키는 일에 정기적으로 관여하시는 사람으로 나타나 있습니다.

아기 예수께서 동방박사들로부터 받으셨던 보배합

예수님의 생애의 맨 처음부터 시작해 봅시다. 아주 어린 아이로서 예수님은 지혜로운 사람들, 즉 페르시아로부터 온 박사들이 동쪽에서 그들이 보았던 별의 주인공인 갓 태어난 '유대인의 왕'께 경배하려고 가져온 아주 값지고 귀한 선물을 받았습니다. 복음서의 기록은 그들이 예수님께 드리려고 가져온 선물이 그저 값싼 장신구들이 아니었음을 분명히 밝히고 있습니다.

> "집에 들어가 아기와 그의 어머니 마리아가 함께 있는 것을 보고 엎드려 아기께 경배하고 보배합을 열어 황금과 유향과 몰약을 예물로 드리니라"(마 2:11)

다른 번역본들도 그 지혜로운 사람들이 매우 귀하고 비싼 선물을 가져왔다는 것을 확증하고 있습니다. 윌리암스 번역본은 '보물 자루'라고 했으며 확대 번역본은 '보물 가방'이라고 했습니다. 현대어 번역본은 '보물 상자'라고 했고, 20세기 신약성경본은 '보물들'이라고 하였고, 녹스 번역본은 '보물 창고'라고 했습니다. 로마 정부가 유대인을 다스리는 자가 되도록 했던 헤롯왕은 어느 날 자기를 폐위시킬 가능성이 있는 아기 왕을 매우 의심하고 시기하게 되었습니다. 그래서 그는 베들레헴 지역에 있는 두 살 미만의 모든 사내 아이들을 살육하라는 명령을 내렸습니다.

꿈에서 경고를 받았으므로 요셉과 마리아는 아기 예수를 데리고 밤에 도망하여 이집트로의 긴 피난길에 올랐습니다. 그러므로 이 지혜로운 사람들이 선물한 '부요함(prosperity)'은 예수님의 가족이 이집트로 이동할 때와 그들이 그곳에 있는 동안의 삶을 지탱해 주었을 것입니다.

예수님은 사역의 동역자들이 있었습니다

예수님께서 공적 사역을 시작하였을 때 주님은 자기와 함께 다닐 열두 제자들을 불러 모았습니다. 3년간 주님과 제자들의 무리는 갈릴리 지방 전부와 요단강 아래로부터 유대의 언덕과 예루살렘까지 팔레스타인 전역을 여행하셨습니다. 그 당시 여행은 걷거나 동물을 타고 다니는 것을 의미했으므로 가끔은 노천에서 자기도 하고 친구들의 집에서 묵기도 했지만 많은 사람들이 계속 여행을 하는 데는 상당한 비용이 들었을 것입니다. 열두 명이나 그 이상의 사람들의 매일 매주 필요한 음식과 의복을 위해서도 예수님은 이 비용을 치룰 자금을 충분히 가지고 계셔야만 했었습니다. 어디서 그 돈이 나왔을까요? 성경은 예수님께서 자신을 후원하므로 돕는 사역의 동역자들이 있었다고 말하고 있습니다.

"그 후에 예수께서 각 성과 마을에 두루 다니시며 하나님의 나라를 선포하시며 그 복음을 전하실 새 열두 제자가 함께 하였고 또한 악귀를 쫓아내심과 병 고침을 받은 어떤 여자들 곧 일곱 귀신이 나간

자 막달라인이라 하는 마리아와 또 헤롯의 청지기 구사의 아내 요안나와 또 수산나와 다른 여러 여자가 함께 하여 자기들의 소유로 그들을 섬기더라"(눅 8:1-3)

다른 번역본에서는 3절을 어떻게 번역하고 있는지 살펴봅시다.

웨스트 역본은 " … 그리고 다른 사람들 즉 많은 사람들이 음식과 다른 생활 필수품을 공급해 드리는 일을 자기의 소유로 감당했습니다."라고 하고 있습니다. 윌리엄스 역본은 이 구절을 "… 많은 다른 여자들이 있었는데 그들은 자신의 소유를 가지고 그들의 필요를 채우기를 계속하였습니다."라고 하고 있습니다. 필립스 역본은 "… 그들 자신들의 재물로 예수님을 돌봐드리던 많은 사람들이 있었습니다."라고 했습니다. 이 말이 예수님과 그의 제자들이 가난하고 궁핍하여 그날 얻은 것을 그날 먹기 바쁜 길에서 사는 거지의 무리같았다는 것으로 들립니까? 결코 그렇지 않습니다. 그들의 필요는 예수님의 사역을 재정적으로 지속적으로 신실하게 후원했던 많은 동역자들의 너그러운 헌납을 통해 충족되었습니다.

예수님은 집 없는 사람이었나?

전통적인 가르침과는 반대로 예수님께서도 사시던 장소를 가지고 계셨습니다. 예수님께서 집을 소유하지 않았다거나 거처가 없었다는 것을 증명하기 위해서 사람들이 가장 많이 인용하는 구절은 누가복음 9장에 있습니다. 이 구절과 관계된 문맥 전체를 읽어봅시다.

> "예수께서 승천하실 기약이 차가매 예루살렘을 향하여 올라가기로 굳게 결심하시고 사자들을 앞서 보내시매 그들이 가서 예수를 위하여 준비하려고 사마리아인의 한 마을에 들어갔더니 예수께서 예루살렘을 향하여 가시기 때문에 그들이 받아들이지 아니 하는지라 제자 야고보와 요한이 이를 보고 이르되 주여 우리가 불을 명하여 하늘로부터 내려 저들을 멸하라 하기를 원하시나이까 예수께서 돌아보시며 꾸짖으시고 함께 다른 마을로 가시니라 길 가실 때에 어떤 사람이 여짜오되 어디로 가시든지 나는 따르리이다 예수께서 이르시되 여우도 굴이 있고 공중의 새도 집이 있으되 인자는 머리 둘 곳이 없도다 하시고"(눅 9:51-58)

문맥을 통해 읽어보면 58절은 예수님께서 단지 "내 생애의 이 시간에 나는 이동 중에 있다. 나는 나의 사명을 완성하려고 나의 길을 갈 것이다. 나는 이 땅에 안주하지 않고 하늘로 올리울 때까지 나의 길을 가는 중이다"라고 말씀하셨을 뿐입니다. 예수님께서 땅 위의 집이나 거처를 가지고 계셨다는 것을 나타내는 다른 구절들도 보십시오.

> "예수께서 요한이 잡혔음을 들으시고 갈릴리로 물러가셨다가 나사렛을 떠나 스불론과 납달리 지경 해변에 있는 가버나움에 가서 사시니"(마 4:12-13)

윌리암스 역본은 13절을 "그러나 그는 나사렛을 떠나서 가버나움에 그의 집을 가지시고…"라고 했습니다. 웨스트 역본은 같은 구절을 "나사렛을 버리고 난 후 그는 가버나움에 그의 살 집을 마련 하셨습니다(established His permanent home)"라고 했습니다. 이제 마태복음 9장 1절을 봅시다. "예수께서 한 배에 오르셔서 호수를 가로질러서 그의 동네(His own town)로 오셨습니다"(NIV).

윌리엄스는 이 구절을 이렇게 번역했습니다. "그리고 그는 배를 타고 건너편으로 건너가서 그의 고향(His home town)으로 들어가셨습니다." 웨스트 역본은 "배를 타고 그는 호수를 건너 그의 자신의 도시(His own city)로 들어가셨습니다."라고 했습니다. 어떻게 사람이 자기가 그 곳에 살지 않으면서 '자신의 마을'이나 '그의 고향'이나 '자신의 도시'를 가질 수 있겠습니까? 마가복음 2장 1절도 또한 매우 재미있습니다. "며칠 후에 예수께서 가버나움에 다시 들어가시니 사람들이 그가 집에 돌아왔다는 것을 들었더라"라고 되어 있습니다.

윌리엄스 역본은 이 구절을 "며칠이 지난 후 그는 가버나움으로 돌아갔고 그가 집에 있다고 보고 되었습니다"라고 번역했습니다. 웨스트 역본은 "가버나움으로 다시 들어가시니 며칠 후에 그가 집에 있다는 소식이 들리니라"라고 되어 있습니다.

예수님께서 만일 집을 소유하지 않으셨다면 예수님은 '집으로' 올 수도 없고 '집에 있다'는 소문도 나지 않았을 것입니다. 성경 말씀이 예수님께서 실제로 집을 소유하고 계심을 나타내고 있기 때문에 예수님께서 집을 소유하지 않으셨다는 주장은 예수님의 가난을 증명하는 증거로 사용될 수 없는 것입니다.

황금을 낚기

예수님께서 가난에 찌든 삶을 살지 않았음을 나타내는 다른 구절들도 있습니다. 필요하다면 하나님의 기적의 능력은 예수님을 통하여 자신의 필요를 채우고 다른 사람들의 물질적 필요를 채우기 위해 역사하였습니다.

> "가버나움에 이르니 반 세겔 받는 자들이 베드로에게 나아와 이르되 너의 선생은 반 세겔을 내지 아니하느냐 이르되 내신다 하고 집에 들어가니 예수께서 먼저 이르시되 시몬아 네 생각은 어떠하냐 세상 임금들이 누구에게 관세와 국세를 받느냐 자기 아들에게냐 타인에게냐 베드로가 이르되 타인에게니이다 예수께서 이르시되 그렇다면 아들들은 세를 면하리라 그러나 우리가 그들이 실족하지 않게 하기 위하여 네가 바다에 가서 낚시를 던져 먼저 오르는 고기를 가져 입을 열면 돈 한 세겔을 얻을 것이니 가져다가 나와 너를 위하여 주라 하시니라"(마 17:24-27)

마태복음에서 두 개의 다른 구절도 역시 하나님의 기적을 이루는 능력이 사람들의 물질적 필요를 공급하기 위해 사용됨을 나타내고 있습니다. 마태복음 14장 15-21절은 빵 다섯 개와 물고기 두 마리로 5,000명의 남자들을 먹인 이야기를 하고 있습니다. 마태복음 15장 32-39절은 빵 일곱 개와 물고기 두 마리로 4,000명을 먹인 이야기를 하고 있습니다. 예수님께서는 지상에서 사역하시는 기간에 모든 자원이 자신에게는 가용한 것임을 나타내셨습니다.

가난한 자를 돕는 일

예수님께서 부요하셨으리라고 믿을 수 있는 또 하나의 이유는 성경이 예수님께서 가난한 사람들을 재정적으로 돕는 사역을 정기적으로 하셨다는 것을 나타내고 있기 때문입니다.

사도 요한이 기록한 최후의 만찬은 중요하고 의미 있는 사건으로 가득찬 신약성경에서 가장 능력 있고 감동적인 구절 중의 하나입니다. 요한복음 13장은 예수님께서 제자들의 발을 씻어 주는 것과 그의 배반당할 것을 예언하시는 것과 서로 사랑하라는 새 계명을 주시는 것과 베드로가 주님을 부인할 것이 임박함을 경고하는 이야기를 하고 있습니다. 그러나 사람들은 가끔 예수님의 사역이 분명히 정기적으로 가난한 사람들을 도울 만큼 충분한 재정을 가지고 있었다는 사실을 강조하고 있는, 유다에 관한 매우 중요한 구절들을 간과하고 있습니다. 예수님을 배반하도록 하려고 사탄이 유다에게 들어갔을 때 그는 저녁 식사 자리에서 일어나 밖으로 나갔습니다. 요한복음 13장은 그 이야기를 이렇게 기록하고 있습니다.

"조각을 받은 후 곧 사탄이 그 속에 들어간지라 이에 예수께서 유다에게 이르시되 네 하는 일을 속히 하라 하시니 이 말씀을 무슨 뜻으로 하셨는지 그 앉은 자 중에 아는 이가 없고 어떤 이들은 유다가 돈 궤를 맡았으므로 명절에 우리가 쓸 물건을 사라 하시는지 혹은 가난한 자들에게 무엇을 주라 하시는 줄로 생각하더라"
(요 13:27-29)

만일 이런 일이 전에도 있었던 일이 아니거나 아마도 정기적으로 습관적으로 하던 일이 아니라면 왜 제자들이 유다가 가난한 사람들에게 돈을 주거나 무엇을 사려고 나갔다고 생각했겠습니까? 분명하게도 둘 중의 어떤 행동도 열한 명에게는 특별한 일이나 이상한 일이 아니고 아마도 그들은 과거에 흔히 있던 일로 여기고 있음을 나타내고 있습니다. 잔치를 위해서나 가난한 사람들에게 주려고 필요한 것들을 사는 것은 제자들에게는 분명히 일상적인 일들이었습니다. 이 어떤 일도 사람이 돈 없이는 할 수 없는 일들입니다.

재정 담당자 유다

예수님이 상당히 많은 돈을 가지고 계셨다는 것을 우리는 알 수 있는데 예수님은 보관하라고 맡겨진 돈을 정기적으로 빼돌리던 재정담당자를 데리고 있었기 때문입니다. 요한복음 12장 6절은 "돈궤를 맡고 거기에 넣는 것을 훔쳐감이러라"라고 말하고 있습니다.

윌리엄스 역본은 "그 열두 사람을 위한 지갑을 가지고 다니는 자로서 그는 그 안에 넣어둔 것을 쓰는 습관이 있었습니다."라고 되어 있습니다. 가난하며 한 푼도 없는 궁핍한 사람들은 재정 담당자를 두거나 그들의 돈을 맡아 가지고 다닐 사람을 지정하지 않는다는 것이 합리적인 판단이라고 나는 믿습니다.

예수님과 그의 제자들은 자금이 넉넉하였기 때문에 그 돈을 다루는 책임을 질 사람을 두었던 것입니다. 이 뿐만 아니라 복음서의 기록은 재정이 얼마나 넉넉하였는지 즉시 표시가 나지 않았음을 암시하고 있습니다. 돈 가방으로 계속 돈이 공급되지 않는 한 재정 담당자가 정기적으로 돈 가방으로부터 돈을 빼돌릴 수는 없는 것입니다. 유다가 정기적으로 돈을 빼돌리고도 그 그룹을 유지할 만큼 넉넉한 돈이 있었다면 예수님은 가난하게 살았을 수가 없습니다.

예수님은 가난한 자들과 자신을 구별하셨습니다

나사로와 마르다와 마리아의 집이 있는 베다니를 방문 중에 예수님께서는 저녁 식사 때 손님들에게 말씀하셨습니다. "가난한 자들은 항상 너희와 함께 있거니와 나는 항상 있지 아니하리라"(요 12:8). 예수님께서 자신을 가난한 자라고 부르지 않았음을 주의하십시오. 예수님은 가난한 자들과 자신을 분명히 구별하셨습니다.

어떤 사람들은 이 말씀이 예수님께서 가난한 자들을 도와주는 것이 중요하지 않다고 말하고 있는 것처럼 잘못 생각해 왔습니다. 그러나 예수님께서 인용하고 계시는 구약성경의 말씀은 이것은 예수님이 의미한 것이 아님을 나타내고 있습니다. 신명기 15장 11절은 이렇게 말하고 있습니다. "땅에는 언제든지 가난한 자가 그치지 아니하겠으므로 내가 네게 명령하여 이르노니 너는 반드시 네 땅 안에 네 형제 중 곤란한 자와 궁핍한 자에게 네 손을 펼지니라."

실제로 예수님은 이렇게 말씀하고 계십니다. "도움이 필요한 가난한 사람들은 항상 있을 것이며 너희들은 그들을 도울 수 있는 대로 도와주어야 한다. 그러나 나는 여기 얼마 있지 않을 것이고 값비싼 향유로 예수님의 발에 쏟아 부은 이 여자는 매우 귀한 기회를 잡았다. 너희들이 가난한 사람들을 도와줄 기회는 항상 있을 것이지만 나는 여기 그리 오래 있지 않을 것이다." 내가 주장하는 것은 예수님께서 가난한 사람 중의 한 사람으로 동일시하신 적이 없다는 것입니다. 그분은 "나같이 가난한 사람들은 항상 있을 것이다"라고 말씀하시지 않았습니다. 오히려 그분은 가난한 사람들과 자신을 분명히 구별하셨습니다.

값비싼 향유

예수님께서는 일년 치 봉급의 가치가 있는 향유를 자신의 발에 붓는데 사용되었는데도 조금도 꺼리지 않았다는 사실에서 우리는 예수님께서 가난하지 않았다는 또 다른 성경적 암시를 발견합니다. 누가복음에 기록된 대로 이 이야기를 살펴봅시다.

> "유월절 엿새 전에 예수께서 베다니에 이르시니 이 곳은 예수께서 죽은 자 가운데서 살리신 나사로가 있는 곳이라 거기서 예수를 위하여 잔치할새 마르다는 일을 하고 나사로는 예수와 함께 앉은 자 중에 있더라 마리아는 지극히 비싼 향유 곧 순전한 나드 한 근을 가져다가 예수의 발에 붓고 자기 머리털로 그의 발을 닦으니 향유 냄새가 집에 가득하더라 제자 중 하나로서 예수를 잡아 줄 가룟 유다가 말하되 이 향유를 어찌하여 삼백 데나리온에 팔아 가난한 자들에게 주지 아니하였느냐 하니 이렇게 말함은 가난한 자들을 생각함이 아니요 그는 도둑이라 돈궤를 맡고 거기 넣는 것을 훔쳐 감이러라 예수께서 이르시되 그를 가만 두어 나의 장례할 날을 위하여 그것을 간직하게 하라 가난한 자들은 항상 너희와 함께 있거니와 나는 항상 있지 아니하리라 하시니라"(요 12:1-8)

아무 것도 가진 것이 없는데 익숙한 가난한 사람은 '일년 봉급'이 자기 발에 부어진 것에 대해 편안한 태도를 가지기 힘들 것입니다. 그러나 예수님은 마리아가 자기의 발에 붓는데 사용한 향유의 가치에 대해서 조금도 위협을 느끼거나 관심을 가지시거나 불편해 하지 않으셨습니다. 어떻게 그럴 수 있었을까요?

예수님이 실제로 누구인가 생각해 보십시오

예수님은 과거에도 그랬고 지금도 그렇듯이 이 세상과 우주를 창조하신 분이십니다! 요한복음은 이렇게 선언하고 있습니다. "만물이 그로 말미암아 지은 바 되었으니 지은 것이 하나도 그가 없이는 된 것이 없느니라"(요 1:3).

골로새서 1장 16절은 이렇게 선포하고 있습니다. "만물이 그에게서 창조되되 하늘과 땅에서 보이는 것들과 보이지 않는 것들과 혹은 왕권들이나 주권들이나 통치자들이나 권세들이나 만물이 다 그로 말미암고 그를 위하여 창조되었고".

예수님의 진짜 집, 그분이 자신을 위해 창조하신 곳, 우리도 살게 될 곳을 생각해 보십시오. 모든 사람들이 자기가 살기에 편안하고 자기 취향에 맞는 곳에 집을 마련하려고 애쓰는 것을 기억해 보십시오. 예수님의 집은 계시록에 우리를 위하여 묘사되어 있습니다.

> "성령으로 나를 데리고 크고 높은 산으로 올라가 하나님께로부터 하늘에서 내려오는 거룩한 성 예루살렘을 보이니 하나님의 영광이 있으매 그 성의 빛이 지극히 귀한 보석 같고 벽옥과 수정같이 맑더라 크고 높은 성곽이 있고 열두 문이 있는데 문에 열두 천사가 있고 그 문들 위에 이름을 썼으니 이스라엘 자손 열두 지파의 이름들이라, 그 성곽은 벽옥으로 쌓였고 그 성은 정금인데 맑은 유리 같더라, 그 열두 문은 열두 진주니 문마다 한 진주요 성의 길은 맑은 유리 같은 정금이더라"(계 21:10-12, 18, 21)

누가 이런 장엄한 거처를 디자인하고 창조할 수 있겠습니까? 시편 24편 10절은 그 답을 주고 있습니다. "영광의 왕이 누구시냐 만군의 여호와께서 곧 영광의 왕이시로다".

하나님의 능력과 위엄을 살짝이라도 볼 수 있게 하는 성경구절을 몇 개 봅시다. (이 구절들이 하나님에 관해 말한 것이라면 예수님께도 해당된다는 것을 기억하십시오. 요한복음 10장 30절은 "나(예수님)와 아버지는 하나이니라"고 하셨고 14장 9절에는 "나를 본 자는 아버지를 보았거늘 …"이라고 했습니다)

> 멜기세덱은 하나님을 가리켜 "천지의 주재(소유자)이시오 지극히 높으신 하나님이여 …"라고 언급했습니다(창 14:19).
> 모세는 "세상이 여호와께 속한 줄을 …"(출 9:29)이라고 했습니다.
> 여호수아는 하나님은 "온 땅의 주"(수 3:11)라고 했습니다.
> 다윗 왕은 이렇게 말했습니다. "여호와여 광대하심과 권능과 영광과 이김과 위엄이 다 주께 속하였사오니 천지에 있는 것이 다 주의 것이로소이다 여호와여 주권도 주께 속하였사오니 주는 높으사 만유의 머리심이니이다 부와 귀가 주께로 말미암고 또 주는 만유의 주재가 되사 손에 권세와 능력이 있사오니 모든 자를 크게 하심과 강하게 하심이 주의 손에 있나이다"(대상 29:11, 12)
> 하나님은 욥에게 자신에 관하여 말씀하시면서 "누가 내게 먼저 주고 나로 하여금 갚게 하겠느냐 온 천하에 있는 것이 다 내 것이니라"(욥41:11)고 하셨습니다.
> 시인 다윗은 "땅과 거기에 충만한 것과 세계와 그 가운데

에 사는 자들은 다 여호와의 것이로다"(시 24:1)라고 선언하였습니다.

다윗은 또한 "주께서 지으신 것들이 땅에 가득하니이다"(시104:24)라고 했습니다.

하나님도 자신에 관하여 이렇게 말씀하셨습니다. "이는 삼림의 짐승들과 천산의 생축이 다 내 것이며 산의 새들도 나의 아는 것이며 들의 짐승도 내 것임이로다 내가 가령 주려도 네게 이르지 않을 것은 세계와 거기 충만한 것이 내 것임이로다"(시 50:10-12)

하나님은 이사야에게 "하늘은 나의 보좌요 땅은 나의 발판이니"(사 66:1)라고 말씀하셨습니다. 학개를 통해서 하나님은 "은도 내 것이요 금도 내 것이니라 만군의 여호와의 말이니라"(학 2:8)라고 말씀하셨습니다. 스가랴는 하나님은 "온 땅의 주"라고 언급했습니다(슥 4:14; 6:5).

바울은 고린도전서 10장에서 두 번 "땅과 거기 충만한 것이 주의 것"이라고 말했습니다(고전 10:26, 28).

빌립보 교회에 편지를 쓰면서 바울은 예수님에 관해 이렇게 말했습니다. "그는 근본 하나님의 본체시나 하나님과 동등 됨을 취할 것으로 여기지 아니하시고 오히려 자기를 비어 종의 형체를 가져 사람들과 같이 되었고 사람의 모양으로 나타나셨으매 자기를 낮추시고 죽기까지 복종하셨으니 곧 십자가에 죽으심이라 이러므로 하나님이 그를 지극히 높여 모든 이름 위에 뛰어난 이름을 주사 하늘에 있는 자들과 땅에 있는 자들과 땅 아래 있는 자들로 모든 무릎을 예수의 이름에 꿇게 하시고 모든 입으로 예수 그리스도를 주라 시인하여 하나님 아버지께 영광을 돌리게 하셨느니라"(빌 2:6-11)

예수님은 창조의 새벽에 아버지와 함께 계셨고 천국에서 아버지와 천사들과 함께 살았습니다. 계시록 21장 21절은 천국의 길은 순금으로 되어있다고 말하고 있습니다. 예수님께 순금은 마치 우리에게 아스팔트와 같이 흔한 것입니다!

예수님은 이 세상을 금, 은, 다이아몬드, 루비, 사파이어 같은 다양한 천연 자원을 가지고 만드셨습니다. 일천 언덕의 가축들이 그의 것입니다. 주님께서 그 모든 것들을 창조하셨습니다. 그러므로 주님 발에 향유가 조금 부어진 것 때문에 조금도 불편하지 않은 것은 당연한 일입니다.

예수님은 결코 부족함이 없었습니다

예수님의 사역의 마지막 때에 그의 제자들은 그들 스스로에게 아무 부족함이 없었다고 증언했습니다.

> "그들에게 이르시되 내가 너희를 전대와 배낭과 신발도 없이 보내었을 때에 부족한 것이 있더냐 이르되 없었나이다"(눅 22:35)

제자들이 그들에게 맡겨진 사역을 수행하는데 아무 부족함이 없다는 것을 경험한 것을 증언했다면 우리는 그들의 모든 필요가 채워졌으며 풍성한 공급하심이 있었음을 짐작할 수 있습니다. 최소한도 그들은 필요에 대해 적당한 그리고 넉넉한 공급을 받았던 것입니다. 이것은 가난한 것이 아닙니다!

예수님은 좋은 옷을 입으셨습니다

예수님께서 십자가에 못 박히셨을 때 주님이 입고 계셨던 옷은 군인들이 자기들끼리 나누어 가졌고 주님의 겉옷을 놓고는 서로 가지려고 제비를 뽑았습니다.

> "군인들이 예수를 십자가에 못 박고 그의 옷을 취하여 네 깃에 나눠 각각 한 깃씩 얻고 속옷도 취하니 이 속옷은 호지 아니하고 위에서부터 통으로 짠 것이라 군인들이 서로 말하되 이것을 찢지 말고 누가 얻나 제비 뽑자 하니 이는 성경에 그들이 내 옷을 나누고 내 옷을 제비 뽑나이다 한 것을 응하게 하려 함이러라 군인들은 이런 일을 하고"(요 19:23-24)

로마의 군인들이 더럽고 다 낡아버린 거지의 걸레 같은 옷이나 오래 입어 낡은 가난한 사람의 옷을 놓고 제비를 뽑았겠습니까? 물론 그럴 리가 없습니다.

예수님은 가난하셨을까요, 부요하셨을까요?

처음 질문으로 돌아가 봅시다. 성경은 이 문제에 관해서 자세히 밝히고 있고 분명하고 부인할 수 없는 답을 주고 있다고 나는 믿습니다. 이 장에서 우리가 검토해 본 구절들에 근거해 볼 때 당신은 예수님께서 '가난한(poor)'이란 단어의 정의에 맞는다고 생각합니까?

다시 말하면, 당신은 예수님께서 곤궁하고(indigent), 궁핍하고(impoverished), 부족하고(needy), 물질이 부족하고(wanting in material goods), 결핍되고(destitute), 연약하고(feeble), 기운이 없고(dejected), 불쌍히 여기거나 동정을 받을만 하고(worthy of pity or sympathy), 열등하고(inferior), 처량해 보이고(pitiful), 이류이고(second-class), 저질이며(second-rate), 모자라고(lacking), 불충분(insufficient)했다고 생각합니까?

반대로 '부요한(prosperous)'이란 단어의 정의를 생각해 보십시오. 이 뜻은 성공이나 경제적인 축복의 표시가 나는(marked by success or economic well-being), 생명력이 넘치고 건강한 성장을 누리고 있는(enjoying vigorous and healthy growth), 무성한(flourishing), 성공적인(successful), 강건한(robust), 발전하고 있는(progressing), 순조로운(favorable)이란 뜻이 있습니다.

어느 단어의 정의가 성경의 예수님을 가장 잘 묘사하고 있습니까? 하나님의 말씀 가운데서 우리가 발견했던 예수님에 관한 정보를 복습해 봅시다.

어린 아이로서 예수님은 금, 유향, 몰약을 선물로 받으셨습니다. 예수님은 신실하게 지속적으로 그 분의 사역을 재정적으로 후원했던 많은 동역자들을 가지고 계셨습니다. 성경은 예수님께서 집이나 사는 곳이 있었음을 나타내고 있습니다. 필요하다면 하나님의 기적을 행하는 힘은 그의 필요와 다른 사람들의 필요를 만족케 하기 위하여 예수님을 통하여 역사하셨습니다. 성경은 예수님의 사역이 가난한 사람들을 정기적으로 도왔다는 것을 나타내고 있습니다. 예수님은 자기에게 맡긴 자금에서 돈을 정기적으로 빼돌렸던 한 재정 담당자를 두셨습니다. 예수님은 가난한 자들과 자신을 구별하셨습니다(distinguished Himself from the poor). 예수님은 일년 치 봉급의 가치가 있는 향유가 자기 발에 부어졌을 때 조금도 불편해 하지 않으셨습니다. 예수님의 지상 사역의 끝에 예수님 제자들의 고백은 그들은 전혀 아무것도 부족한 것이 없었다는 것이었습니다. 예수님께서 십자가에 못 박히셨을 때 예수님의 옷은 군인들이 서로 가지려고 제비를 뽑을 만큼 충분히 좋은 것이었습니다.

나는 이 구절들이 예수님께서는 가난하지 않았고 부요한 분이었음을 강력히 증거하는 사실이라고 믿습니다. 그렇다고 나는 예수님께서 사치스럽다거나 돈을 헤프게 쓰는 삶의 양식을 따라 사셨다고 주장하는 것이 아닙니다. 이런 삶은 주님께서 실제로 산 삶이 아니었을 것입니다. 그러나 예수님은 이 땅위에 사시는 동안 그분의 필요가 채워졌었으며 그분은 하나님께서 그분에게 하라고 한 것을 할 수 있었습니다. 예수님의 부요함에 우리가 놀라서는 안됩니다. 옛 언약은 하나님의 뜻 가운데 살아가는 사람들에게 부요함을 약속했습니다(신 29:9, 수 1:7, 왕상 2:3, 대상 22:13, 대하 20:20, 26:5, 욥 36:11, 느 1:11, 시 1:1-3).

당신은 예수님께서 하나님의 뜻을 따라 사는 삶의 조건들을 만족시켰다고 생각합니까? 물론 그러셨습니다. 그분은 요한복음 6장 38절에서 선언하셨습니다. "내가 하늘에서 내려온 것은 내 뜻을 행하려 함이 아니요 나를 보내신 이의 뜻을 행하려 함이니라."

하나님께서 그분의 말씀을 지키시고 예수님을 복 주신 것은 예수님께서 아버지의 뜻 가운데 살았기 때문이라고 당신도 생각하십니까? 그렇고 말고요! 민수기 23장 19절은 "하나님은 사람이 아니시니 거짓말을 하지 않으시고 인생이 아니시니 후회가 없으시도다. 어찌 그 말씀하신 바를 행하지 않으시며 하신 말씀을 실행하지 않으시랴"라고 말하고 있습니다.

예수님은 가난하지 않았습니다. 예수님은 아브라함과 맺은 언약을 따라 부요한 가운데 살았습니다.

제 4 장

부요함의 목적
(The Purpose Of Prosperity)

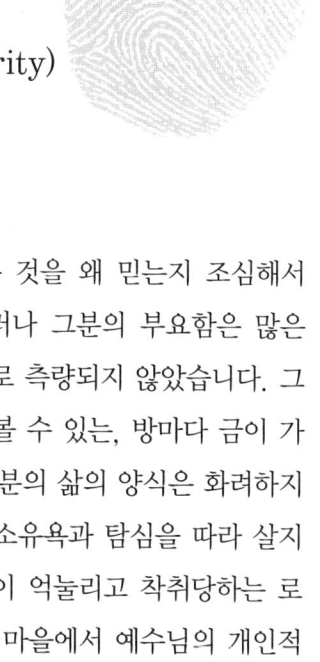

나는 예수님께서 부요하셨다는 것을 왜 믿는지 조심해서 여러분에게 설명하였습니다. 그러나 그분의 부요함은 많은 부와 세상의 소유를 쌓아둔 것으로 측량되지 않았습니다. 그분은 들판의 양과 가축들을 굽어볼 수 있는, 방마다 금이 가득한 왕궁에 살지 않았습니다. 그분의 삶의 양식은 화려하지도 낭비하지도 않았으며 그분은 소유욕과 탐심을 따라 살지도 않았습니다. 대부분의 사람들이 억눌리고 착취당하는 로마의 강한 권력이 다스리는 작은 마을에서 예수님의 개인적인 필요는 충족되었습니다. 그분은 자유롭게 온 나라를 두루 다니며 그분의 아버지의 사업을 하셨습니다. 게다가 그분은 갈릴리 지방과 이웃 지역에까지 그분과 함께 여행을 했던 열두 명의 제자들 모두의 필요와 경비를 감당할 수 있었습니다.

어떻게 예수님께서는 이렇게 비교적 풍성한 자원을 가지셨을까요? 이런 자원이 그분께서 하나님의 뜻을 행할 수 있도록 하였습니다. 여러분은 아마도 "하나님이 인도하는 곳에는 그분이 공급도 하신다"라는 말을 들었을 것입니다. 그리스도인들에게 부요함의 목적은 하나님의 일과 하나님의 뜻을 행하는 것이라고 나는 믿습니다. 무엇이 하나님의 뜻입니까? 요한복음 3장 6절과 17절은 그것을 아주 단순하게 표현하고 있습니다. "하나님이 세상을 이처럼 사랑하사 독생자를 주셨으니 이는 저를 믿는 자마다 멸망치 않고 영생을 얻게 하려 하심이니라 하나님이 그 아들을 세상에 보내신 것은 세상을 심판하려 하심이 아니요 저로 말미암아 세상이 구원을 받게 하려 하심이라."

하나님의 최우선 관심은 잃어버린 자들을 구원하는 것입니다!

그래서 하나님은 그의 아들을 보내셨습니다. 성경은 또한 예수님께서 이 땅에 오셨을 때 무엇을 하셨는지에 관하여 매우 분명하고 쉽게 기록하고 있습니다. 마태복음 9장 35절은 "예수께서 모든 도시와 마을에 두루 다니사 그들의 회당에서 가르치시며 천국 복음을 전파하시며 모든 병과 모든 약한 것을 고치시니라"(마 9:35)라고 말하고 있습니다.

예수님은 우리의 위대한 모범이 되십니다. 예수님이 하신 일을 우리도 해야 합니다. 예수님께서 말씀하셨습니다. "내가 진실로 진실로 너희에게 이르노니 나를 믿는 자는 내가 하는 일을 그도 할 것이요 또한 그보다 큰 일도 하리니 이는 내가 아버지께로 감이니라"(요 14:12).

당신의 동기를 확립하라

우리가 부요하게 될 것을 기대할 수 있습니까? 그렇습니다. 우리도 예수님처럼 그럴 수 있습니다. 그러나 이 말은 부요하게 되고자하는 우리의 동기도 예수님의 것과 똑같아야 한다는 뜻입니다. 예수님은 설교자들을 포함해서 그분의 사람들이 세계의 도시와 마을을 다니며 가르치고 설교하고 다른 사람들도 갈 수 있도록 도와 줄 수 있을 만큼 충분한 돈을 소유하기를 바라십니다. 하나님의 경제에 있어서 부요함은 한 목표, 즉 세계 복음화를 위한 수단입니다.

우리는 왜 부요하기를 원합니까? 다른 사람을 섬기는 것과 자신을 위한 것 중에 어느 것이 우리가 원하는 것입니까? 하나님의 일을 재정적으로 돕기 위해서 입니까? 아니면 큰 집과 뽐내고 싶은 자동차, 비싼 옷, 고급 음식, 화려한 오락과 같은 삶의 사치스러운 것들을 즐기기 위해서 입니까? 왜 부요하기를 바랍니까? 그렇다고 하나님께서 우리가 빈약하고 여유가 전혀 없는 겨우겨우 사는 것을 기대한다는 것은 아닙니다. 수많은 구약성경의 구절들이 하나님의 뜻을 행하는 자에게 부요함, 즉 풍성함, 차고 넘치는 것을 약속하고 있습니다.

시편 35편 27절은 "그의 종의 평안함(prosperity, 부요함, 형통함)을 기뻐하시는 여호와는 위대하시다"라고 말하고 있습니다. 쓰레기를 주우며 그날 벌어서 그날 먹고 사는 당신의 삶을 통해 하나님의 위대하심이 나타나겠습니까? 아닙니다.

당신의 관심과 시간이 오직 돈과 세상의 소유에만 초점을 맞추고 화려하게 사는 것을 통해서 하나님의 위대하심이 나타나겠습니까? 아닙니다.

우리의 물질적인 삶에도 균형과 상식이 있어야만 합니다. 복음서를 읽으면서 그리스도의 삶을 공부해 보면 어느 도시나 마을에 가든지 자기 비용을 스스로 치르면서 보통 사람들과 편안히 섞이면서 가난한 사람을 돕는 한 사람을 우리는 그려볼 수 있습니다.

그러나 그분은 부요하고 권력 있는 사람들을 방문하면서도 조금의 불편함도 느끼지 않으셨습니다. 그분은 세리 삭개오 같은 죄인들의 집은 물론 바리새인들이나 종교 지도자들의 집에도 가셨습니다. 예수님의 첫 번째 기록된 기적은 가나의 혼인 잔치 장소였었는데 그곳에서 그분은 여러 개의 큰 항아리의 물을 잔치를 위해서 포도주로 만드셨습니다(요한복음 2장을 보십시오).

산 위의 설교에서 예수님은 우리에게 먹을 것, 마실 것, 입을 것에 대해 염려하지 말라고 가르치셨습니다. 예수님은 "너희 하늘 아버지께서 이 모든 것이 너희에게 있어야 할 줄을 아시느니라. 그런즉 너희는 먼저 그의 나라와 그의 의를 구하라 그리하면 이 모든 것을 너희에게 더하시리라"(마 6:32-33)고 말씀하셨습니다.

그분은 계속해서 "주라 그리하면 너희에게 줄 것이니 곧 후히 되어 누르고 흔들어 넘치도록 하여 너희에게 안겨 주리라 너희가 헤아리는 그 헤아림으로 너희도 헤아림을 도로 받을 것이니라"(눅 6:38)고 말씀하셨습니다.

이 말씀들이 하나님께서 우리가 얼마나 많이 가질 수 있을지 한계를 정하시는 것 같이 들립니까? 결코 그렇지 않습니다. 그분은 단지 우리가 우리의 우선순위를 바로 하기를 바랄 뿐입니다.

빌립보서 4장 19절은 "나의 하나님이 그리스도 예수 안에서 영광가운데 그 풍성한 대로 너희 모든 쓸 것을 채우시리라"고 말하고 있습니다. 우리는 이미 하나님의 풍성하심(riches)은 결코 한계가 없다는 것을 발견하였습니다. 모든 것이 다 그분께 속한 것입니다. 바울은 고린도에 있는 교회가 하나님의 일에 너그럽게 즐겁게 드리기를 촉구했습니다. 이어서 그는 "하나님께서는 여러분들이 필요한 모든 것과 그 이상을 주시므로 여러분이 낸 것을 보충하여 주실 수 있으며 또한 그렇게 함으로써 여러분의 필요가 넉넉히 채워질 뿐 아니라 다른 사람들에게도 즐겁게 주고 남을 만큼 충분하게 할 수 있습니다"(고후 9:8 TLB번역)라고 말했습니다.

위대한 사명을 달성하려면 하나님의 백성은 부요해야 합니다

그리스도인으로서 하나님의 뜻과 목적을 이루기 위한 수단으로써 부요함을 구할 때 우리는 복을 받을 것과 부요하게 될 것을 기대할 수 있습니다. 예수님은 자신에 관하여 "인자가 온 것은 잃어버린 자를 찾아 구원하려 함이니라"(눅 19:10)고 말씀하셨습니다. 예수님은 모든 믿는 자들에게 같은 사명을 실행하도록 임무를 주어 세우셨습니다. 마가복음 16장 15절에서 예수님은 "너희는 온 천하에 다니며 온 창조 세계에 복음을 전파하라"고 선언하셨습니다. 당신이 온 세상에 다니며 모든 창조 세계에 복음을 전파해야 하는 것은 너무나도 분명합니다!

오늘날 세상에는 60억이 넘는 사람들이 살고 있으므로 우리에겐 해야 할 아주 거대한 일이 남아 있습니다. 이 일을 완수하기 위한 재정을 확보하려면 우리는 물론 부요한 가운데 살 필요가 있습니다. 예수님은 또한 그의 위대한 사명을 수행하려면 우리의 삶 가운데 성령의 능력이 필요하다는 사실도 지적하셨습니다. 사도행전 1장 8절은 "오직 성령이 너희에게 임하시면 너희가 권능을 받고 예루살렘과 온 유대와 사마리아와 땅 끝까지 이르러 내 증인이 되리라"고 말합니다.

위대한 사명을 달성하기 위해서 우리는 어떻게 살아야 합니까? 우선 우리는 우리의 예루살렘, 즉 우리가 살고 있는 마을부터 시작해야 합니다. 오순절날 그 다락방에 모였었던 120명 대부분에게 있어서 예루살렘은 그들의 동네였습니다. 두 번째로 우리는 우리의 유대, 즉 우리 지역에 증인이 되어야 하고 그 다음에는 이웃 지방, 즉 우리의 사마리아에 증인이 되어야 합니다. 끝으로 우리는 땅 끝까지도 복음을 가지고 가야만 합니다. 한 가지는 분명합니다. 가난에 찌든 사람들은 위대한 사명을 달성할 능력에 제한을 받는다는 것입니다. 재정이 없이는 그들이 온 세상에 다니기도 어렵고 다른 사람들을 보내기도 어려울 것입니다. 그러므로 하나님께서 모든 믿는 자들이 이 사명을 감당하기를 요구하신다면 하나님의 사람들이 부요하게 되는 것은 그분의 뜻이요 그분의 계획임에 틀림없습니다.

성경 전체를 통해서 볼 때 하나님의 일은 하나님의 사람들의 십일조와 헌물을 통해서 재정이 후원되는 것이 전형적이었습니다. 십일조는 수확한 것이나 곡물 혹은 증가한 것의 십분의 일이었습니다. 하나님의 사람들이 드린 것으로 하나님의 집과 그 집에서 일하는 사람들을 돌보게 하였고 땅위에서 하나님의 일을 수행하는데 필요한 자금을 공급하였습니다. 십일조라는 주제에 관한 한 아마도 가장 잘 알려진 성경 본문은 말라기서에서 발견됩니다.

"만군의 여호와가 이르노라 너희의 온전한 십일조를 창고에 들여 나의 집에 양식이 있게 하고 그것으로 나를 시험하여 내가 하늘 문을 열고 너희에게 복을 쌓을 곳이 없도록 붓지 아니하나 보라 만군의 여호와가 이르노라 내가 너희를 위하여 메뚜기를 금하여 너희 토지 소산을 먹어 없애지 못하게 하며 너희 밭의 포도나무 열매가 기한 전에 떨어지지 않게 하리니 너희 땅이 아름다워지므로 모든 이방인들이 너희를 복되다 하리라 만군의 여호와의 말이니라"
(말 3:10-12)

이 말씀에서 우리는 십일조가 부요함과 연결되어 있는 것을 봅니다. 하나님의 말씀은 우리가 우리의 수입에서 십일조를 주님께 드리면 주님께서 한없는 복을 부어 주실 것이라고 말씀하고 있습니다.

하나님께서는 수확의 풍성함과 그의 소산물이 해를 입지 않도록 보호해 주시는 두 가지 방법으로 십일조를 드린 자를 복 주실 것을 말씀하고 있음을 주의하십시오. 말라기 3장 11절은 흠정역으로 "내가 너를 위하여 삼키는 자를 쫓아버리겠다"고 말하고 있습니다.

십일조는 교회와 교회의 구원 사역을 재정 후원하는 하나님의 계획입니다

우리 소득의 십분의 일을 하나님께 돌려드릴 때 왜 우리는 이런 축복을 경험할까요? 물론 우리가 그분께 드릴 수 있는 어떤 것이나 그 돈이 하나님께 필요해서가 아닙니다. 십일조를 드리는 것은 하나님께서 이 세상에서 하시고 있는 일에 참여하는 강력한 방법입니다. 한 회중의 십일조를 합하면 한 교회의 전도를 후원하는 재정을 넉넉히 공급하게 됩니다. 즉 사람들을 구원하고, 그리스도의 몸을 세우며, 가난한 사람들을 섬기며, 선교 사역을 후원하고, 때로는 생활할 수 있도록 도와주는 일들입니다.

일반적인 원칙으로써 나는 사람들이 그들이 다니는 지역교회에 십일조를 드려야 한다고 믿습니다. 지역교회야말로 하나님께서 땅 위의 사람들을 축복하시는데 가장 우선적으로 사용하시는 통로라고 나는 항상 믿고 또 그렇게 가르쳐왔습니다.

다른 여러 가지 사역들은 개인들이나 교회들로부터 나오는 다른 헌금과 여러 형태의 재정적인 후원에 의해 후원되어야 합니다. 그러나 대부분의 경우에 십일조는 자기가 다니는 지역교회에 드려야만 합니다. 하나님의 계획에 참여할 수 있다는 것이 우리가 십일조와 헌금을 드리는 목적과 이유입니다. 우리가 하나님이 그분의 뜻을 수행하시는데 동역자가 될 수 있다는 것을 깨닫는 것은 정신적으로나 정서적으로나 영적으로 큰 성취감과 만족감을 가져다줍니다. 그뿐만 아니라 이것은 또한 물질적 복을 부어주시도록 하는 창문들을 여는 것입니다.

십일조를 드리는 것에 대해 내가 발견한 가장 흥미로운 가르침은 '부에 이르는 길(The Path to Wealth)'이란 제목의 1888년 티. 에스. 린스캇(T. S. Linscott)이 출판한 책에 있는 다음과 같은 글이었습니다. 그는 이렇게 말했습니다.

우리가 받는 영적인 복이나 현세적인 복 모두가 하늘로부터 온다는 것은 사실입니다. 세 하늘이 있는데 첫째 하늘은 새들이 나는 곳으로서 우리의 대기권이며 또 하나는 태양과 별들이 있는 하늘이고 마지막은 하나님이 계시는 하늘입니다. 우리의 모든 현세적 축복, 즉 모든 개인의 부요나 국가적 부요함, 모든 물질적 부, 한마디로 우리의 부요함은 땅과 하늘들로부터 옵니다. 땅의 소산이 전적으로 공기의 이슬과 비와 하늘의 태양 볕에 달렸듯이 우리는 실제적으로 우리의 모든 현세적 축복이 하늘로부터 온다고 말할 수 있습니다. 이제 하나님께서는 스스로 맹세하시기를 하나님의 축복, 즉 넘치는 복을 '쌓아두고, 누르고, 흔들어 쏟아 붓도록' 하늘 창문들을 여시겠다고 하셨습니다.

여기 현세의 축복에 대한 하나님의 직접적인 맹세가 있습니다. 나는 이 맹세를 믿을 만큼 단순한 사람이라서 이 조건을 만족시키고 그 결과를 기대하는 모험을 감수하려고 합니다. 이 세상의 부요함을 주거나 주지 않는 것은 하나님께는 너무나 쉬운 일입니다. 천국에 저장된 것은 살아있는 모든 사람들을 부요하게 할 만큼 충분한 부이며 내가 맹세를 받은 나의 하나님은 언제든지 작은 창문 하나를 열고 그분의 부드러운 축복의 소낙비를 내게 내리실 수 있는 분입니다. 그러면 그 축복은 우리가 물질적인 것들이 필요한 한은 나의 소유로서 나의 필요를 공급해 줄 것입니다.

이런 풍성하고 귀한 약속들은 우리가 그 조건에 맞고 우리 소득의 십일조를 하나님께 드릴 때만 성취될 것입니다. 우리 대부분은 생각과 설교뿐만 아니라 하나님을 향한 헌신에 관해서도 하나님의 약속을 영적인 의미로 해석하거나 실체가 느껴지지 않는 수증기로 만들어 버리기 일쑤입니다. 우리의 타고난 불신앙이 이런 약속들의 성취를 장래의 어떤 때나 하늘나라 갈 때까지로 미루어 버리는 경향을 갖게 합니다. 불신앙은 문자 그대로의 현재 시제의 약속을 싫어합니다. 그러나 이 약속들은 문자 그대로 의미하는 것이며 물질적인 것이며 지금 여기 즉 땅위에서 우리가 누릴 수 있는 것입니다. 이 약속들은 우리에게 도전을 하게 하거나 하나님과 타협을 하게 합니다.

앞서 말한 것처럼 하나님께서는 돈을 드린 것에 대해서는 돈으로 갚아 주십니다. 하나님께서는 네가 십분의 일을 내면 내가 땅 위의 물질적 축복을 주겠다고 말씀하십니다.

"내가 네 손에 기계를 잘 만지는 기술을 주어 네 고용주가 네 편이 되게 하며 너는 최고의 임금을 받게 되고 파업이 네게 영향을 끼치지 못하며 내가 너와 함께 하므로 너의 필요가 공급되는 것을 보게 될 것이다. 내가 너를 사업가로서 부요케 하겠다. 내가 너를 어디에 수익성이 좋은 사업 기회가 있는지 이끌어 줄 것이며 사람들을 네게 보내서 물건을 사도록 하고 네 옆집에 사는 나를 무시하는 그 사람은 부도를 낼지라도 그런 저주가 네게 임하지 않도록 할 것이다. 너의 청구서의 지불 날짜가 다가오는 것을 내가 보고 있다가 너의 은행 구좌에 그것을 지불할 넉넉한 돈이 있도록 해 줄 것이다. 한 마디로 말하면 나는 너의 동업자로서 네 사업의 이익을 위해 주의해 볼 것이다. 또한 머리를 써서 생활비를 벌고 있는 지식 산업 종사자들아! 나는 너희 생각을 분명하게 하도록 해 주겠다. 나는 네게 '살아 숨쉬는 생각들과 훨훨 불타오르는 말'을 착안하도록 하는 거룩한 자극을 주고 네가 말하거나 쓰는 것은 사람들의 가슴을 감동시키며 네 작품이 잘 팔리게 하며 사람들이 네 가슴과 머리에서 나온 작품들을 사도록 만들겠다. 너는 단지 너의 십일조를 내게 지불하면 너는 나의 돌봄을 받게 될 것이다. 너희 농부들아! 씨 뿌리는 시기와 추수하는 시기에 틀림이 없을 것이다. 내가 너희 농작물을 축복할 것이며 너의 가축들을 배가시키고 네 농장을 잎마름병과 흰가루병에서 지켜

부요함의 목적

주겠다. 나는 아브라함과 이삭과 야곱의 하나님임을 기억하라. 내가 그들에게 축복한 것처럼 네게 축복할 것이니 그들처럼 너는 나를 기억하라. 내가 너희 모두에게 건강을 주어 죽음이 네 어린 자식들을 빼앗지 못하게 하며 네 자식들이 나이가 많이 들도록 살도록 할 것이며 내가 하늘 창문들을 열고 복을 받아 둘 곳이 부족하도록 복을 줄 것이다."

이것들이 바로 성경에 하나님께서 약속하신 복입니다. 여기 있는 사람들 중에 하나님께 오늘 십분의 일을 드리기로 작정한 사람이 누구입니까?

이제 친숙해진 이 성경 구절들과 성경의 다른 곳에 약속된 이 놀라운 축복은 순종에 대한 대가로서 그저 단순한 현세적인 부요함 이상을 의미합니다. 물질적 부가 쏟아지는 하늘 창문뿐만 아니라 하나님이 계시는 위 하늘 즉 하늘나라의 중심을 여시고 하나님의 은혜로운 충만함으로부터 하나님은 순종하는 사람들에게 말로 표현할 수도 없는 영광으로 가득찬 복을 내려 주실 것입니다.

왜, 그리고 어떻게 십일조를 드리는지 이해하십시오

50여 년 전 나는 동부 텍사스 유전 지대에 있는 한 교회를 목사로서 섬기고 있었습니다. 그 교회 한 집사는 험블 석유회사에 좋은 직장을 가지고 있었습니다. 그 집사는 늘 신실하게 교회를 섬겼었습니다. 어느 날 그 집사가 내게 "해긴 형제, 이것 좀 설명해 주실 수 있습니까? 나는 예수 믿은 지 13년이 다 되었고 십일조와 헌금도 성실히 드렸습니다."라고 말했습니다.

나도 그 사실을 알고 있었습니다. 그는 정기적으로 십일조를 내서 교회에 복이 되었던 사람이었습니다.

"알고 싶어하는 것이 무엇이죠?" 내가 물었습니다.

"글쎄요, 나는 내가 왜 하는지를 모르고 있습니다. 나는 십일조에 관한 가르침이나 설교를 들은 적이 없습니다. 내가 구원받았는지도 알 수 없고요."

그의 이런 대답을 듣고 나는 놀랐습니다. 그는 노예가 자신의 의무를 다하듯 십일조를 드려 왔던 착한 사람이었고 십일조는 그를 위해 효과가 없었습니다. 그래서 나는 그와 몇 분 동안 내가 당신과 이 장에서 나누고 있는 것의 일부를 나누었습니다. 그리고 나서 나는 그에게 이렇게 말했습니다.

"다음번에 당신의 십일조 봉투를 꺼내 들고는 이렇게 말하십시오. '주님, 나는 믿음으로 십일조를 드립니다. 이 돈이 사람들을 도와서 그리스도의 몸에 유익이 되어 이 교회의 목적을 이루도록 십일조를 드립니다. 나는 복음을 전파하는 것을 도우므로 사람들이 구원받게 합니다. 내가 하나님의 일에 참여할 수 있어서 하나님께 감사드립니다. 나는 하나님 말씀을 따라 믿음으로 드리고 또 축복을 받을 것을 기대합니다.' 라고 말하십시오."

"꼭 그렇게 해보도록 하겠습니다." 그가 말했고 그는 그렇게 했습니다. 한 30일 후에 그는 얼굴에 함박웃음을 띠고 나를 찾아 왔습니다.

"해긴 형제, 나는 형제가 말한 대로 해 왔습니다. 매 주일 십일조를 드리려고 준비할 때마다 기도해 왔습니다. 그런데 아 정말 역사하던데요. 내 재정 상태에 확실히 큰 차이가 있음을 말할 수 있습니다."라고 그는 선언하듯 말했습니다.

또 한번은 동부 텍사스의 다른 교회에서 한 사람이 내게 와서 물었습니다. "해긴 형제, 나와 나의 아내는 구원받은 후부터 지금까지 거의 25년간 십일조를 해왔습니다. 그렇지만 성경을 가지고 십일조에 관해 가르치는 것을 한번도 배워본 적이 없습니다. 우리 교회의 대부분의 친구들은 농부들입니다. 그들은 씨를 심으려고 돈을 빌리고 목화를 수확할 때가 되면 사람을 사서 목화 꽃을 땁니다. 그런데 어떻게 십일조를 드리지요? 내가 한 두 집사들에게 물어보니 그들도 별로 아는 것이 없었습니다. 그들은 형제에게 십일조를 드리는 것에 대해 설교를 해 달라고 요구할 생각도 했었지만 그들은 형제에게 무슨 설교를 해 달라고 말하는 사람으로 여겨지기를 원치 않았답니다. 그래서 사실은 나도 형제가 언제 곧 십일조에 대하여 말할 생각이 있는지 알고 싶습니다."

내가 그 사람에게 말했습니다.

"윌리엄스 형제, 형제가 이 문제를 언급하기를 참 잘했습니다. 형제가 내게 이 이야기를 하기 전에 하나님께서 벌써 내게 이 문제에 관심을 갖게 하셨습니다. 그래서 나는 즉시 실행할 생각입니다."

그 당시에 우리 교회에서 사람이 가장 많이 모일 때는 주일 밤이었습니다. 건물은 대개 꽉 찼고 날씨만 좋으면 가끔 건물

밖에도 사람들이 서서 있기도 했습니다. 나는 될 수 있는 대로 많은 사람들이 성경에서 십일조와 헌금에 대해 말하고 있는 것을 듣도록 주일 저녁에 한 시간 동안 이 주제에 관하여 자세히 가르쳤습니다.

나는 항상 교회에서 균형 잡힌 말씀을 설교하려고 힘썼습니다. 나는 구원, 성령 세례, 성령의 은사에 관해 설교했고 치유, 믿음, 다른 사람들을 사랑하며 섬기는 것에 관해 설교했습니다. 그래서 사람들은 내가 재정 분야에 관해 설교를 할 때 내가 그들의 목 안에 무엇인가를 쑤셔 넣으려고 하는 것이 아니라는 것을 알고 있었습니다. 그것은 그들에게 필요한 것이었고 그들이 알기 원하는 것이었습니다.

예배를 마친 후에 많은 사람들이 내게 와서 내가 십일조와 드리는 것에 대해 설교를 해주어서 너무 즐겁다고 말했습니다. 그 설교가 하나님께 드리는 것의 목적에 대해 그들이 이해할 수 있도록 도움이 되었던 것입니다. 나는 그들이 그 말씀을 가슴 깊이 받아들였다는 것을 알 수 있었습니다.

십일조는 하나님이 약속하신 축복을 받도록 해줍니다

교회의 수입이 세 배나 늘었습니다! 특별한 강조나 독려도 없이 헌금통을 돌릴 때는 언제나 너그러운 반응이 나타났습니다. 심지어는 거듭나지 않은 사람들까지 십일조를 드리기 시작했습니다. 그 교회에는 믿지 않는 남자와 결혼해 사는 두 부인이 있었습니다. 이 두 남자들은 주일 저녁에 그 가족들과 함께 교회에 오곤 했습니다.

내가 십일조에 관해서 설교를 한 바로 다음날 그 중에 한 남자가 목사관을 찾아왔습니다.

"해긴 형제, 어제 밤 집으로 돌아가면서 형제의 설교에 대해 나는 아내와 이야기를 나누었습니다. 우리가 하나님의 말씀에 순종하면 하나님께서 우리를 축복하실 것을 믿습니다. 방금 첫 목화를 수확한 돈을 받아서 십일조를 드리려고 들렀습니다."

이렇게 구원받지 않은 친구들이 십일조를 계속하였습니다. 얼마 안 가서 이 두 사람은 모두 구원받았고, 성령의 충만함도 받았습니다. 그들의 가족들도 역시 축복을 받았습니다. 나중에 한 부인은 설교자의 소명을 받아 그 가족은 여러 교회의 초청을 받아 설교하러 다녔습니다.

내가 마지막으로 들은 소식은 그들이 여기저기 다니며 복음을 전하고 있다는 것이었습니다. 65년이 넘는 사역기간 동안 나는 지역교회를 통해 그들의 수입의 십분의 일을 하나님께 돌려드리는 하나님의 성경적인 계획을 실천하였던 수천 명의 간증을 들었습니다. 그 중 많은 사람들이 처음에 시작할 때는 십일조를 드리기 전에도 겨우 먹고 살았는데 어떻게 수입의 90%를 가지고 살 수 있는지 확신하지 못했습니다. 그런데 어찌되었든지 그들은 십일조를 드렸습니다.

오, 물론 이런 일이 항상 쉬운 것은 아닙니다. 이런 일은 인내와 결단과 믿음과 시간이 필요합니다. 그러나 그들이 지속하기만 하면 약속된 축복은 찾아왔습니다. 때때로 하나님께서 그들의 삶 가운데 '삼키는 자를 쫓아주심'을 알게 되었습니다. 즉 자동차나 기계들이 전처럼 자주 고장이 나지 않거나, 아이들이 전처럼 자주 아프지 않으므로 의료비가 적게 들게 되었습니다. 건설업에 종사하거나 농사를 짓는 사람들은 날씨가 나빠 일을 못할 경우가 없어집니다. 뿐만 아니라 여러 번 전혀 기대하지도 않던 곳으로부터 추가로 수입이 들어오기도 했습니다. 때로는 봉급이 오르기도 하고, 시간 외에 일을 더할 경우도 있고, 심지어는 보너스를 더 타기도 했습니다!

어떤 사람들은 보험을 통해 돈을 받았다고 보고하기도 하고, 전에 못 받았던 빚을 받게 되었다고도 하며, 유산을 상속받기도 했습니다.

이 모든 것의 바탕은 그들이 십일조를 드릴 때 재정적으로 더 많은 수입과 부요한 삶을 살게 되었다는 것입니다. 또한 대부분은 영적으로도 역시 복을 받아 하나님과 더 가까이 동행하게 되고, 육체적으로도 더 건강하게 살며, 정신적으로나 정서적으로도 더 큰 기쁨과 평안을 누리게 되었습니다.

성경은 "여호와께서 주시는 복은 사람을 부하게 하고 근심을 겸하여 주지 아니하시느니라"(잠 10:22)라고 말하고 있습니다.

십일조를 드릴 것인가, 말 것인가?

지난 수년 동안 때때로 사람들이 십일조를 드리는 것이 오늘날에도 교회에 가치 있는 일인지 물어왔습니다. 그들은 "신약성경은 실제로 이에 관하여 별로 언급하고 있지 않습니다"라고 말하며, 또한 "이렇게 신약성경에서 조금밖에 언급하지 않은 주제를 가지고 목회자나 다른 사역자들이 십일조를 드리라고 해서 되겠습니까? 그리스도인들이 구약의 율법에 얽매여서 되겠습니까?"라고 말했습니다.

신약성경에서 십일조에 관해서 조금밖에 언급이 되어있지 않은 것은 사실입니다. 마태복음과 누가복음 두 복음서에서 예수님께서 십일조에 관계되어 무언가 말한 적이 있는 것을 기록해 놓았을 뿐입니다. 그러나 이 경우에 예수님께서는 십일조를 드리는 것에 대한 자신의 믿음을 분명하게 확인시켜 주셨습니다.

> "화 있을진저 외식하는 서기관들과 바리새인들이여 너희가 … 정의와 긍휼과 믿음은 버렸도다 그러나 이것도 행하고 저것도 버리지 말아야 할지니라"(마 23:23)

예수님은 십일조를 드리는 것에 있어서는 텃밭의 채소 잎사귀 하나까지 철저하게 지키면서 훨씬 더 중요한 율법인 정의와 긍휼히 여기는 것과 믿음은 무시하는 그 당시의 위선적인 종교지도자들을 신랄하게 비판하였습니다.

예수님은 돈을 드리는 것이 바르게 사는 것을 대체하지 않는다는 것을 말씀하고 있습니다. 하나님은 사람의 중심에 관심을 가지고 있는 만큼, 사람의 돈에 관심을 가지고 있지 않으십니다. 그러나 예수님은 십일조를 드려야 한다고 말씀하셨습니다.

십일조에 대해 언급하고 있는 대부분의 성경말씀은 분명히 구약성경에 속해있지만, 중요한 사실은 십일조를 드리는 것이 율법 아래에서 처음 소개된 것이 아니란 사실입니다. 단지 율법 아래서 법으로 제정되었을 뿐입니다. 십일조를 드리는 것은 믿음의 행위로써 시작된 것입니다.

믿음은 구약과 신약을 초월하는 것입니다! 율법을 따르는 행위로써가 아니라 믿음의 행위로써 오늘날도 십일조를 드리는 것이 '믿음으로' 행하는 것입니다. 창세기 14장은 아브람이 모세의 율법시대보다 400년 전에 어떻게 살렘왕이요 지극히 높으신 하나님의 제사장이었던 멜기세덱에게 십일조를 드렸는지 말하고 있습니다. 그는 율법 이전에 살았기 때문에 율법적인 요구조건을 따라서 십일조를 드리지 않은 것은 명백합니다. 이삭과 야곱도 율법 이전에 살았지만, 십일조를 드렸습니다(창 18:19-20, 28:22).

아브라함은 믿음으로 지극히 높으신 하나님의 제사장, 즉 그리스도의 한 모형이었던 멜기세덱에게 십일조를 드렸습니다. 우리는 히브리서에도 역시 이렇게 말하고 있는 것을 볼 수 있습니다. "이와 같이 예수는 더 좋은 언약의 보증이 되셨느니라"(히 7:22).

갈라디아서 3장은 결정적으로 중요한 몇 가지 말씀을 하고 있습니다.

"또 하나님 앞에서 아무나 율법으로 말미암아 의롭게 되지 못할 것이 분명하니 이는 의인이 믿음으로 살리라 하였음이니라 율법은 믿음에서 난 것이 아니니 율법을 행하는 자는 그 가운데서 살리라 하였느니라 그리스도께서 우리를 위하여 저주를 받은 바 되사 율법의 저주에서 우리를 속량하셨으니 기록된 바 나무에 달린 자마다 저주 아래 있는 자라 하였음이라 이는 그리스도 예수 안에서 아브라함의 복이 이방인에게 미치게 하고 또 우리로 하여금 믿음으로 말미암아 성령의 약속을 받게 하려 함이라"(갈 3:11-14)

그러면 오늘날 우리가 십일조를 해야 될까요? 절대적으로 해야 합니다! 그러나 우리는 아브라함이 한 것처럼 율법이 아니라 믿음으로 해야 합니다. 그 뿐만 아니라 율법 이전의 하나님의 사람들이 10%를 드렸고 율법 아래서도 10%를 드렸다면, 은혜로 살고 있는 우리가 더 좋은 언약을 소유하고 있으면서 무엇이나 이보다 적게 드려서 되겠습니까?

아브라함은 그리스도의 한 모형이었던 지극히 높으신 하나님의 제사장인 멜기세덱에게 십일조를 드렸습니다. 그리고 그는 세 가지 축복, 즉 영적인 축복, 육체적인 축복 그리고 물질적·재정적인 축복을 받았습니다. 그리스도의 희생 제물로 말미암아 우리는 율법의 저주로부터 구원을 받았기 때문에, 즉 값을 치르고 되찾은바 되었기 때문에 우리는 영적, 육체적, 재정적으로 아브라함의 복을 받았습니다.

그러므로 우리는 십일조를 드리는데 있어서도 믿음으로 아브라함의 예를 따라갑니다. 우리는 우리의 십일조를 그리스도께 드립니다!

성경은 에베소서에서 하나님께서 예수님을 죽음에서 살리시고 그를 만물의 머리가 되도록 교회의 머리로 주셨으며 교회는 그리스도의 몸이라고 말하고 있습니다(엡 1:22-23). 그러므로 우리가 머리되신 그리스도께 십일조를 드리면 그것은 그의 몸인 교회로 흐르는 것입니다.

무슨 말인지 이해되십니까? 우리는 주님의 뜻과 일이 교회를 통하여 이루어지도록 예수님께 직접 드릴 수 있는 위대한 특권을 가지고 있는 것입니다. 그리스도인들이 십일조와 헌물을 드리는 일에 신실하게 된다면 교회가 세상에서 그 사명을 감당하는데 차고 넘치는 풍족함이 있을 것이란 것을 나는 믿습니다.

이 분야에 대해 조사한 사람들에 의하면 정기적으로 십일조를 드리는 거듭난 그리스도인들이 놀랍도록 적을 뿐만 아니라, 많은 사람들이 아무것도 드린 적이 없다고 합니다. 모든 그리스도안들이 그들의 십일조와 드리는 삶에 신실할 때 이룰 수 있는 것을 상상해 보십시오!

돈이 많으면 사역도 많아집니다

몇 년 전에 나는 위대한 하나님의 사람이요, 놀라운 저술가이기도 했던 고든 린지(Gordon Linsay)가 창립한 '치유의 소리(the voice of healing)'라고 불리는 협회에 관여했었습니다.

이 협회는 지금은 열방을 위한 그리스도(Christ for the Nation)로 알려져 있습니다. 린지는 1961년에 이런 글을 썼는데 이 글은 아직도 너무나 적절합니다.

> 세계 복음화의 주요 방해물은 헌신된 선교사들이 부족한 것도 아니요, 훈련받은 현지인 사역자들의 부족도 아닙니다. 열정있는 복음의 군대가 믿음으로 나가서 사도적 복음을 전파할 준비가 된 때가 왔습니다. 그들은 지금 그렇게 하고 있습니다! 선포된 말씀에 반응을 하는 사람이 부족한 것도 아닙니다. 전도하려는 노력을 한 곳마다 수백 명 어떤 경우는 수천 명의 사람들이 예수님을 영접하는 것을 어떤 선교사도 말할 것입니다. 그러면 무엇이 부족합니까? 흔히는 어떤 지역 사회에 하나님의 영이 역사하시는 그 순간에 필요한 재정적인 후원이 부족한 것입니다.

더 많은 재정이 가용하다면 당신의 교회가 당신이 살고 있는 도시나 지역사회나 나라나 세계를 섬기는데 얼마나 더 많이 일을 할 수 있겠습니까?

가령 당신이 섬기는 교회의 수입이 갑자기 네 배로 증가할 경우를 가정해 보십시오. 영혼을 구원하는 데나, 성도들을 섬기는 데나, 가난한 사람들을 돕는 데나, 선교사들을 후원하는 데 얼마나 더 큰 영향을 끼치겠습니까? 얼마나 많은 계획들이 그것을 실재화 하는데 필요한 돈이 없기 때문에 꿈꾸는 단계나 계획하는 단계에 머무르고 있습니까?

T. S 린스캇의 1880년 책인 '부에 이르는 길(The Path to Wealth)' 의 다른 곳을 봅시다.

> 우리는 하나님의 교회가 그 비용을 충분히 마련하기 위해서 일일찻집 운영, 바자회, 음악회 등 온갖 돈을 버는 기술을 사용하며 사업하는 방법을 동원하는데 까지 내려가 버린 것을 보고 있습니다. 반면에 대부분의 사람들은 하나님의 십일조를 도둑질하고도 위선적으로 이렇게 노래를 부릅니다.
>
> "온 자연 세상이 다 내 것이라 해도 선물로 드리기엔 너무 적어요. 그 놀라운 사랑, 하나님의 사랑에 나의 영혼, 나의 삶, 나의 모든 것을 드려요."
>
> 그리스도인들이 성경이 요구하는 대로 살며 수입의 십분의 일을 하나님께 드린다면 자금을 모으기 위해 이런 방법들을 사용할 필요가 없을 것이며, 자금은 늘 충분히 남을 것입니다. 2000년대는 곧 우리 앞에 다가오고 내 생각에는 세계 복음화는 돈의 문제로 축소된 것 같습니다.
>
> 우리는 하나님께서 가슴을 만지셔서 그 영혼이 선교의 열정으로 불타고 있는 남녀들을 가지고 있습니다. 우리는 모든 종류의 사람들의 필요를 만족시킬 수 있는 복음을 가지고 있습니다. 세상을 구원할 모든 것은 준비되어 있습니다.
>
> "누구든지 주의 이름을 부르는 자는 구원을 얻으리라 그런즉 저희가 믿지 아니하는 이를 어찌 부르리요 듣지도 못한 이를 어찌 믿으리요 전파하는 자가 없이 어찌 들으리요

보내심을 받지 아니하였으면 어찌 전파하리요 기록된 바 아름답도다 좋은 소식을 전하는 자들의 발이여 함과 같으니라"(롬 10:13-15).

그런데 돈이 없이 어떻게 보냄을 받을 수 있습니까? 하나님이 지정해 준 방법인 '기쁜 소리를 들었던' 사람들의 십일조를 통해 주어지지 않는다면 그들이 어디서 돈을 받겠습니까?

이는 참으로 도전을 주는 생각입니다. 이 책이 처음 출판되었던 100년 전과 마찬가지로 이 말은 오늘날에도 적절하고 또 시기적으로도 적절한 말이라고 나는 믿습니다.

하나님의 동역자

지역교회에 십일조를 드리고 다른 뜻있는 사역단체에 기부하는 것을 통하여 우리는 오늘날 하나님께서 이 세상에서 하시는 일에 참여할 수 있습니다. 단, 우리가 드리는 동기와 목적은 순수하고 이기적이지 않아야 합니다.

1. 우리가 하나님을 사랑하기 때문에 하는 것입니다. 주는 것은 사랑의 자연스런 표현입니다. 요한복음 3장 16절은 "하나님께서 세상을 너무나 사랑하셔서 독생자를 주셨다"고 말합니다. 우리도 똑같이 행해야 합니다. 우리도 하나님을 사랑하기 때문에 하나님께 드려야 합니다.

2. 우리는 하나님의 말씀에 순종하여 하나님께 드려야 합니다. 성경은 우리에게 주님께 드리고 주의 일을 지원하라고 가르칩니다. 우리가 이미 살펴보았던 성경 구절 외에도 드리는 것에 관하여 우리가 실수하지 않도록 돕는 분명한 가르침들이 많습니다.

3. 우리는 그리스도의 위대한 사명을 완수하는 것을 돕는 방법으로 드려야 합니다. 이렇게 하므로 복음을 들고 온 세상으로 나가는 사람들의 사역을 후원하는 것입니다.

4. 우리는 사람들이 축복 받는 것을 보기 원하기 때문에 드려야 합니다. 우리의 십일조와 헌금은 지역교회가 전도하게 하고 다른 기관들이 가난한 자들을 섬기고 복음을 듣지 못한 잃어버린 자들에게 복음을 전하며 성도들을 구비케 하여, 그리스도인으로서 섬길 수 있도록 세우는데 쓰입니다.

5. 끝으로 우리는 그의 말씀 가운데 우리를 축복하시고 부요하게 하시겠다고 하신 약속을 귀하게 여기며 하나님을 믿고 기대감을 가지고 드려야 합니다.

내가 여기 드리는 이유 다섯 가지를 열거하였는데 나는 이 순서대로 우선순위를 지키는 것이 중요하다고 믿습니다.

많은 설교자들이 사람들이 드리는 주요 이유로서 다섯 번째를 너무 강조하는 듯한 인상을 나는 받습니다.

그럼에도 불구하고 드리는 것은 우리의 필요가 충족되도록 해주는 추수를 위해 씨앗을 심는 경험으로서 증명된 방법입니다. 심고 거두는 원리는 개인의 재정 분야에도 적용됩니다. 성경에서 이렇게 말한 것은 진리입니다. "주라 그리하면 너희에게 줄 것이니 곧 후히 되어 누르고 흔들어 넘치도록 하여 너희에게 안겨 주리라 너희의 헤아리는 그 헤아림으로 너희도 헤아림을 도로 받을 것이니라"(눅 6:38).

이 모든 것이 드리는데 대한 선하고 효과적인 이유들입니다. 이 말씀들이 영·혼·육의 참된 부요함으로 이끌어 줄 것을 나는 믿습니다.

제 5 장

설교자들도 잘 살아야 합니까?
(Should Preachers Prosper?)

    목회자와 성도가 많은 그리스도인들이 갖고 있는 돈에 관한 오해로 인해 상처를 받았었습니다.

    교회는 수세기 동안 이 주제에 관해서 때로는 도로의 한쪽 도랑에 때로는 반대편 도랑에 빠져있었습니다. 그러나 하나님의 말씀은 섬기도록 하나님의 부름을 받아 사역에 종사하는 사람을 후원하는 것에 관해 분명하고 구체적으로 가르치고 있습니다.

    65년 이상 사역하는 동안 나는 목사님들의 필요를 적절히 공급해주지 않는 교회들을 지켜보았습니다. 너무나도 많은 회중들이 그들의 목사가 가난하고 궁핍하며 성도들이 향유하고 있는 평균정도의 생활 수준으로도 살지 못하도록 해왔습니다.

    나는 재정적인 부족으로 온갖 고생을 하는 목회자들을 보았습니다. 그들은 자기에게 나온 각종 청구서들을 지불하지 못해서 재정 분야에 대한 증인이 되기 어려웠습니다. 또한 재정적으로 눈에 띄게 짓눌려 살고 있는 목회자를 본 사람들은 그런 교회에 다니기를 원하지 않았습니다.

교회가 목사에게 인색하면 인색할수록 교회는 재정적으로 더욱 나빠지고 더 큰 부족함을 체험합니다. 여기저기 초청을 받아 복음전하는 자로서 50여년 살아오면서 나는 교회를 방문하면 그들 교회의 목사를 잘 돌봐드리라고 항상 격려해주었습니다.

내가 알기로는 그들의 목사를 잘 돌봐주는 교회는 언제나 영적 · 재정적으로 부흥하고 부요하였습니다. 반면에 어떤 설교자의 경우는 - 소수의 목자, 복음전하는 자, 다른 사역자들의 경우 - 다른 어떤 것보다도 자신의 개인적인 재정적 이득만을 과대하게 추구하여 자신들의 위치를 남용하기도 하였습니다. 그런 사람들의 사람을 조종하는 탐욕스러운 노력은 그리스도의 몸에 상처를 입혔고, 믿지 않는 비평자들로 하여금 하나님의 일을 불신하게 하고 그들에게 교회를 공격할 탄약을 제공하였습니다.

오늘날은 목회자들과 신자들 모두 양쪽 극단의 도랑에서 나와 하나님께서 우리에게 여행하도록 해주신 도로의 한 가운데로 돌아올 가장 좋은 때입니다.

모든 성도가 누릴 수 있는 성경적인 부요함에 대해서 성경에 확고한 근거가 마련되어 있습니다. 그러나 이를 적용하는데 잘못된 동기나 방법을 취한다면 진리는 많은 사람들에게 공격적이고 상처를 입히는 거친 돌이 될 수도 있습니다.

말씀 전하는 자를 돌봄

사역자들이 어떻게 후원을 받아야 하는지는 구약과 신약, 모두에서 많이 언급되어지고 있습니다. 가장 중요하고 깨달음을 주는 말씀은 사도 바울이 고린도 교회에 보낸 첫 번째 편지에 있습니다.

> "누가 자기 비용으로 군 복무를 하겠느냐 누가 포도를 심고 그 열매를 먹지 않겠느냐 누가 양 떼를 기르고 그 양 떼의 젖을 먹지 않겠느냐 내가 사람의 예대로 이것을 말하느냐 율법도 이것을 말하지 아니하느냐 모세의 율법에 곡식을 밟아 떠는 소에게 망을 씌우지 말라 기록하였으니 하나님께서 어찌 소들을 위하여 염려하심이냐 오로지 우리를 위하여 말씀하심이 아니냐 과연 우리를 위하여 기록된 것이니 밭 가는 자는 소망을 가지고 갈며 곡식 떠는 자는 함께 얻을 소망을 가지고 떠는 것이라 우리가 너희에게 신령한 것을 뿌렸은즉 너희의 육적인 것을 거두기로 과하다 하겠느냐 …… 성전의 일을 하는 이들은 성전에서 나는 것을 먹으며 제단에서 섬기는 이들은 제단과 함께 나누는 것을 너희가 알지 못하느냐 이와 같이 주께서도 복음 전하는 자들이 복음으로 말미암아 살리라 명하셨느니라"(고전 9:7-11, 13-14)

필립스 역본은 14절을 "같은 원리에 입각해서 주님은 복음을 전파하는 자는 그 복음을 받아들이는 사람들로부터 그들의 생활비를 받으라고 명령하셨습니다"라고 되어있습니다.

갈라디아서 6장 6절은 똑같은 진리를 강조하고 있습니다. "하나님의 말씀에 가르침을 받는 사람은 선생님을 후원함으로써 그의 선생님과 모든 좋은 것을 함께 나누도록 해야 합니다."

이 구절을 필립스 역본은 이렇게 번역했습니다. "가르침을 받고 있는 그리스도인은 자기를 가르치는 사람의 생활비를 기꺼이 도와주어야 합니다."

디모데전서 5장 17절을 리빙 바이블은 이렇게 번역했습니다. "자기 일을 잘하는 목사들은 봉급도 잘 주어야 하고 매우 감사하게 여겨져야 합니다. 특별히 설교하는 것과 가르치는 일에 열심히 일하는 사람들은 더욱 그렇습니다."

윌리암즈 역본은 이렇게 번역했습니다. "자기 의무를 잘 감당하는 장로들은 그들에게 알맞은 봉급의 두 배를 받기에 합당한 사람으로 여겨야 합니다. 특별히 설교하는 일과 가르치는 일에 계속 애써야 하는 사람들의 경우에 말입니다."

이와 같이 하나님의 말씀은 복음으로 섬기는 사람들은 섬김을 받고 있는 사람들에 의해 잘 후원되어야 함을 분명히 말하고 있습니다.

주님의 가르침과 지침에 따라 이것은 수세기 동안 실천되어 왔습니다. 오늘날 미국의 교회에서 목회 사역의 스태프로 일하는 많은 사역자들이 다른 직업에서 일하는 사람과 거의 똑같이 기본적인 봉급을 받고 있습니다.

이것은 설교자의 수입이 그가 설교하는 것에 따라 영향을 받지 않도록 보장해주기 때문에 일반적으로 건전한 상황이라고 나는 생각하고 있습니다. 그러나 가끔 성도들은 사랑의 헌금이나 다른 특별한 선물을 드림으로 그들의 목사를 축복할 수도 있습니다.

1930년대와 40년대의 십일조와 헌금

내가 목회를 하고 있을 때 대부분의 순복음 교회의 일반적인 방법은 주일날 아침에 십일조와 헌금을 받아서 목사에게 그의 수입으로 주는 것이었습니다. 주일날 밤과 수요일 저녁 예배 때의 헌금은 교회의 다른 비용을 지불하는데 사용되었습니다. 가끔 특별한 사업이나 선교나 전도를 위해서 추가로 헌금을 받았습니다. 부흥회 기간동안에는 매일 밤 헌금을 받아서 그 복음전도자를 도와주거나 교회의 다른 추가적인 경비를 충당하였습니다.

나의 목사로서의 수입은 한 달에 45불 가량이었습니다. 그때가 1930~40년대라는 것을 생각해보십시오. 나의 회중들 중에 많은 사람들이 그들의 수입에서 십일조를 드리지 않는다는 것을 알고 있었지만, 나는 이것을 문제 삼지는 않았습니다.

나는 성경이 십일조와 헌금을 드리는 것에 관해 말하고 있는 것을 가르쳤습니다. 꼭 그 부분만을 지나치게 강조하지 않으려고 조심하였습니다.

주일 아침 십일조와 헌금이 모자라면 나는 즉시 예민하게 자극을 받았습니다. 한 두 주 동안 나의 기본 생활비 예산에 못 미치는 돈을 받으면 나는 몽고메리 워드와 시어즈 앤 로벅

(미국의 백화점 체인들)에 월부금을 낼 수 없게 되고 또한 자동차 연료를 살 돈과 식구가 먹고 살 돈도 부족하게 되기 때문이었습니다.

그러면 나는 주일날 저녁 예배 전에 일어나 이렇게 말하곤 하였습니다.

"여러분, 나는 오늘 밤 목사를 위해 특별 헌금을 걷으려고 합니다. 우리 모두가 각자의 십일조를 드린다면 목사와 교회가 충분한 돈이 있을 것이라는 것을 우리 모두는 알고 있습니다. 우리는 교회 건물도 새로 짓고 목사관도 새로 지을 수 있었을 것입니다. 그러나 이렇게 할 돈이 넉넉히 들어오지 않고 있습니다. 내가 여러분을 귀찮게 하는 것이 아닙니다. 그러나 나도 각종 청구서대금을 지불할 돈이 필요합니다."

그러면 거의 항상 다양한 사람들이 말을 하기 시작합니다. 나는 1불을 내겠노라고 나는 50센트를 내겠노라고 말하는 것입니다. 곧 필요한 돈이 걷히게 됩니다. 그러면 다음에 수입이 나의 예상보다 못 미치는 때까지 나는 이 주제에 대해 결코 다시 언급하지 않았습니다.

나는 매주 드리는 것에 대해 가르치므로 나를 후원하는 액수를 올릴 수 있도록 강조를 하거나, 헌금시간에 헌금을 할 수 있도록 독려하는 말을 할 수도 있었습니다. 그러나 나는 그렇게 하는 것이 불편했습니다. 그 때나 지금이나 나는 계속해서 한 가지 주제나 화제를 가지고 강조하는 것이 사람들에게 최고의 유익을 주는 것은 아니라고 믿습니다.

나의 책임은 사람들을 축복하고 도와줌으로 그들의 모든 필요를 충족시키는 것이었습니다. 그것은 바로 온전한 복음, 즉 하나님의 말씀의 모든 것을 설교하는 것을 의미합니다.

균형잡힌 메시지를 전하라

나의 사역의 아주 초창기에 주님은 "가서 나의 사람들에게 믿음을 가르쳐라"라고 하시며 믿음의 메시지의 결정적인 중요성에 관하여 내게 가르쳐 주셨습니다.

그 이후로 어떤 사람들은 내가 오직 믿음에 관해서만 말한다고 생각합니다만 그렇지 않습니다. 내가 적절한 때에 믿음에 대해 강조를 해온 것은 사실이지만, 나는 그 내용이 온전한 복음, 즉 균형 잡힌 것이어야 한다고 생각해 왔습니다.

다른 어떤 주제보다도 돈, 드림, 부요함에 더 초점을 두는 목사들을 나는 알고 있습니다. 가끔 그런 목사들은 돈을 내지 않으면 죄의식을 느끼도록 하거나, 각 사람이 그런 말씀에 감동받아 헌금을 하도록 동기를 불러일으키는 강한 압력을 주는 작전을 사용하기도 합니다.

나는 이 중요한 진리를 하나님의 사람들에게 그런 식으로 전하는 것이 바른 방법이라고는 느껴본 적이 없습니다. 물론 나도 드리는 삶의 책임성과 축복 모두를 가르치고 있는 모든 성경 구절을 알고 있습니다.

성경은 분명히 "주라, 그리하면 네게 줄 것이니…"(눅 6:38)

라고 말하고 있고, 또한 "너희는 먼저 하나님의 나라와 그의 의를 구하라. 그리하면 이 모든 것들을 네게 더해 줄 것이다"(마 6:33)라고 말하고 있습니다.

이런 진리는 반드시 모든 신자들에게 가르쳐야만 합니다. 그러나 말씀은 또한 "각각 그 마음에 정한 대로 할 것이요 인색함으로나 억지로 하지 말지니 하나님은 즐겨내는 자를 사랑하시느니라"(고후 9:7)라고도 말하고 있습니다.

이 구절의 다른 번역은 이렇게 되어있습니다.

"나는 여러분 각 사람이 이것에 대해서 생각해 볼 충분한 시간을 가지고, 스스로의 마음으로 무엇을 드릴 것인지 결정하기 바랍니다. 그렇게 하므로 동정심이나 압력에 의하여 억지로 헌금을 하게 하는 것으로부터 여러분 자신을 보호할 수 있습니다. 하나님께서는 드리는 자가 드리는 것 자체를 기뻐할 때 그 드린 것을 사랑하십니다"(메시지 바이블).

나는 또한 설교자들이 십일조와 헌금을 드리지 않으면 저주를 받는다고 말하면서 말라기 3장을 인용하여 그리스도인들을 망치로 치듯이 때리는 설교도 들었습니다. 분명히 이것은 옳지 않습니다. 말라기 때의 사람들은 모세의 율법 아래에 있었지만, 신약성경은 그리스도께서 우리를 그 율법의 저주로부터 속량했다고 선언하고 있습니다(갈 3:13).

그러면 십일조는 더 이상 드릴 필요가 없다는 뜻일까요? 천만의 말씀입니다. 지난 장에서 내가 말했듯이 하나님의 사람들은 율법이 있기 400년 전에도 십일조를 드렸습니다. 예수님도 십일조를 드려야함을 가르침으로 이것을 재확인하셨습니다. 예수님께서는 십일조에 관해서 단 한번 언급하셨는데 주님은 십일조를 해야 한다고 말씀하셨습니다!

그러나 십일조를 안 한다고 해서 오늘날 저주를 받는 것은 아닙니다. 우리는 모세의 율법적 요구사항으로부터 자유합니다. 그러면 십일조를 안 할 경우 다른 결과가 유발됩니까?

그렇습니다. 우리가 십일조를 드리지 않으면, 하나님께서 믿음으로 십일조와 헌물을 드리는 자에게 약속하신 축복을 우리 스스로 제한하게 되는 것입니다. 드리는 것은 그리스도인의 삶의 필수적인 부분입니다. 모든 그리스도인 지도자는 성경이 말하고 있는 '드리는(giving)' 삶에 대해 가르치고 실천해야 할 책임이 있습니다.

그러나 하나님의 말씀 안에 있는 다른 진리나 교리와 함께 균형 있게 강조되어야 합니다. 목사들이 십일조와 드리는 것에 관해 가르치지 않는 것도 지나치게 강조하는 것과 마찬가지로 그의 회중들을 바로 섬기지 못하는 것입니다.

항상 균형 잡힌 가르침이 있어야 합니다. 또한 이런 것을 가르치는 목적은 그 결과로 인한 설교자의 유익보다는 성도들의 축복과 유익을 위해서입니다. 성경은 예수께서 두루 다니시며 가르치는 것과 복음을 전하는 것과 병을 고치는 일을 하셨다고 말하고 있습니다(마 9:35). 성경은 주님께서 부요함을 강조하고 헌금을 걷는데 많은 시간을 보냈다고 말하고 있지 않습니다.

우리는 예수님에게 자신의 사역을 후원했던 동역자들이 있었다는 것을 알고 있습니다. 예수님께서 '돈'과 '주는 것'에 관해 말씀하시며 특히 가난한 사람들을 도와주는 것을 언급한 성경 구절들을 발견할 수 있습니다. 그러나 예수님을 비판하던 사람들조차도 예수님이 돈을 위해 그렇게 한다고 결코 말할 수는 없었습니다. 오히려 온 유대 지방에 전파된 보고는 그는 두루 다니며 착한 일을 하시고 마귀에게 눌린 모든 자들을 고치셨다고 하였습니다(행 10:38).

목사의 자격을 생각해봅시다

사역에 부르심을 받은 사람들은 하나님의 일을 위해 재정적인 후원을 찾아야 하는 매우 부담되고, 떨리는 책임이 있습니다. 그리스도께서 탄생하기 몇 년 전에 죽은 로마의 정치인인 시세도는 이렇게 말했습니다. "공적인 사역과 모든 공공행정에 있어서 가장 중요한 것은 자기의 유익을 추구하고 있다는 아주 작은 의심이라도 피하는 것이다." 공무원에게 이것이 진리라면 하나님의 종에게는 얼마나 이 말을 철저히 적용해야 되겠습니까?

성경은 목양하는 직분을 원하는 사람들의 자격요건을 말하고 있습니다. 디모데전서 3장 2절과 3절은 이렇게 말합니다. "그러므로 감독은 책망할 것이 없으며 한 아내의 남편이 되며 절제하며 신중하며 단정하며 나그네를 대접하며 가르치기를 잘하며 술을 즐기지 아니하며 구타하지 아니하며 오직 관용하며 다투지 아니하며 돈을 사랑하지 아니하며."

확대번역은 이 점을 더욱 강하게 표현하고 있습니다. 디모데전서 3장 3절을 이렇게 번역했습니다. "… 돈을 사랑하는 자, 즉 [의심스러운 방법으로 돈을 벌고 부를 추구하는 만족할 줄 모르는] 사람이 아니어야 합니다."

목사나 다른 사역자들이 적당한 재정적 지원을 기대하는 것은 절대적으로 옳은 일입니다만, 개인의 재정적 유익을 위해서 모든 시간과 노력을 드려서는 안될 것입니다. 돈이나 물건을 소유하는 것은 위험한 것이 아닙니다만, 탐욕스럽게 되는 것이 위험한 것입니다. 탐심은 "돈이 조금만 더 있거나 물질적인 소유가 더 있으면 나는 행복할 것이다"라고 거짓말을 합니다.

그러나 그것은 사실이 아닙니다. 대개 사람들은 더 가지면 더 가질수록 더 많은 것을 원하게 됩니다.

히브리서 13장 5절은 말하기를 "너희 대화에 탐심이 없어야 한다"고 했습니다. 그리스어로 '대화'라고 번역된 것은 여기서 실제로는 '삶의 행위나 방식(conduct or manner of life)'을 의미합니다. 그러므로 이 구절은 "네 행위에 탐심이 없게 하라"고 말하고 있는 것이며, 5절은 "네가 가진 것으로 만족해 하라. 왜냐하면 그가 말하시기를 내가 너를 버리지 아니하며 결코 떠나지 아니하리라고 말하고 있기 때문이다"라고 말하고 있습니다.

필립스 역본은 "너의 삶에서 돈에 대한 정욕을 없이하라. 네가 가진 것으로 만족해하라"고 말하고 있습니다.

확대역본에 강조된 부분을 주의해 보십시오.

여러분의 성품이나 도덕적인 경향은 [탐심, 정욕과 땅의 것을 소유하고자 하는 열망을 포함하여] 돈을 사랑하는 마음이 전혀 없어야 합니다. 또한 여러분의 현재 [현재의 상황이나 여러분이 가지고 있는 것]에 늘 만족하십시오. 왜냐하면 하나님께서 스스로 말씀하시기를 나는 결코 너희를 실망시키거나 포기하거나 너희를 돕지 않고 떠나버리지 않을 것이다. [나는] 결코, [나는] 결코, [나는] 결코, [나는] 결코 조금도 너희를 대책 없이 버려두거나 저버리거나 [너희를] 내려놓지 않을 것이다(내가 너희를 잡고 있는 손을 풀지 않을 것이다)! [내가 그렇지 않을 것임을 확신하라!]

돈을 사랑하는 것으로부터 도망하라

탐욕 특히 돈에 대한 정욕만큼 위험한 것이 있을까요?

하나님의 말씀은 사역자들이나 성도들이나 할 것 없이 모두에게 경고하면서 여러 번에 걸쳐 분명하게 말하고 있습니다.

디모데전서 6장 10절은 "돈을 사랑하는 것은 모든 악의 뿌리이기 때문입니다. 어떤 사람은 돈을 탐하다가 믿음에서 떠나므로 많은 슬픔으로 자신을 찔렀습니다"라고 말합니다. 여기서 많은 사람들이 실수로 잘못 가르친 것처럼 돈이 모든 악의 뿌리라고 한 것이 아니라 돈을 사랑하는 것, 즉 탐욕이 모든 악의 뿌리라고 한 것을 주의하십시오.

실제로 사도 바울은 성령의 기름부음 아래서 이 편지를 젊은 사역자인 디모데에게 썼습니다. 그는 '어떤 물건' 자체는 나쁜 것이 아니라고 강조했습니다. 그리고 나서 그는 디모데에게 부요하게 사는 사람들이 그들의 소유대신 하나님을 신뢰하도록 경고하라고 부탁을 했습니다.

디모데전서 6장 17절은 이렇게 말하고 있습니다. "네가 이 세대에서 부한 자들을 명하여 마음을 높이지 말고 정함이 없는 재물에 소망을 두지 말고 오직 우리에게 모든 것을 후히 주사 누리게 하시는 하나님께 두며." 그러므로 물건은 '부' 조차도 하나님이 우리가 즐길 수 있도록 선물로 주신 것입니다! 우리는 삶의 좋은 것들을 즐겨야 합니다만, 우리가 즐기는 선물들이 그것들을 주신 분보다 더 중요해 지는 것을 결코 허락해서는 안됩니다!

그런데 만일 심지어 설교자까지 고의로 진리의 정도를 벗어나 잘못된 노견의 도랑에 빠질 경우 어떻게 해야 합니까? 성경은 그 사람으로부터 멀리 떠나라고 말하고 있습니다! 디모데전서 6장 5절은 "진리는 없고 부패한 마음을 가진 자들의 패역한 논쟁, 즉 경건함으로 이익을 챙기려는 자들로부터 네 자신을 멀리하라"고 말합니다.

확대번역은 그런 개인을 "경건함이나 의로움을 [돈 버는 사업, 즉 생활의 수단] 돈 버는 근원으로 생각하는 자들, 그런

자들에게서 떠나라"(딤전 6:5)라고 말하고 있습니다.

디모데전서 6장 11절에서 바울은 디모데와 우리에게 조언을 하고 있습니다. "너 하나님의 사람아, 이런 것들에게서 도망쳐라…" 현대의 언어로 번역한 한 번역본은 이렇게 말하고 있습니다. "그러나 너 디모데 하나님의 사람아! 살기 위해 이런 것을 피하여 도망하라. 의로운 삶, 즉 경이와 믿음과 사랑과 한결같음과 품위가 있는 삶을 추구하여라. 믿음 안에서 힘써 빨리 달려라"(딤전 6:11, 12 MSG).

수년 전에 나는 치유부흥에 참가하고 있던 한 사역자가 인도하는 순회 집회에 참석했었습니다. 그 목사는 사람들에게 동기를 부여하고 믿음을 세워줌으로 주님의 치유의 능력을 기대하고 받을 수 있도록 할 줄 아는 재능 있는 설교자였습니다.

어느 날 밤에는 치유의 기름부음이 강하게 흐르고 있었는데, 몇몇 귀머거리가 한 사람씩 한 사람씩 치료를 받았습니다. 모두가 거기 운행하고 있는 하나님의 강한 움직임을 알고 있었고, 그 자리에는 크나큰 기쁨과 흥분이 하늘을 찌를 듯했습니다. 그런데 갑자기 이 목사는 하던 일을 멈추더니 이렇게 말하였습니다.

"우리는 특별 헌금을 받으려고 합니다."

그 예배 때 이미 한번 헌금을 했는데, 그 목사는 감정의 파도가 높아져 있는 것을 이용하려고 결심한 것이 분명했습니다. 그는 "헌금함을 다시 돌리지는 않을 테니까 여러분 중에 특별한 헌물을 드릴 사람은 이 강단 앞으로 내게 가지고 나오실 수 있습니다. 최소한 50불 이상이 아니면 나오지 마십시오!"라고 말했습니다.

나는 사람들이 50불을 드리려고 서둘러 나오면서 서로 부딪히며 거의 넘어질 뻔한 것을 목격했습니다. 그 사람들이 헌금을 한 것은 그들 마음속에 복음을 전파하는 것을 돕거나 다른 사람들에게 치료받을 기회를 주기 위한 마음에서 한 것이 아니었습니다.

나는 그들이 어떤 생각을 하고 기도하며 드렸다고 믿지 않습니다. 오히려 그들은 감정의 폭발에 사로잡혔던 것입니다. 그 순간의 스릴과 흥분에 참여하고자 하여서 그들은 이 목사에 의해 조종되었고 착취를 당했던 것입니다. 나중에 그들의 감정이 가라앉은 다음에 그 때 일어난 일에 대해 그들이 어떤 느낌을 갖게 되었는지 나는 의아했습니다. 적어도 그들 중 몇몇 사람들은 이용당하거나 남용된 느낌을 받았으리라고 믿지 않을 수 없었습니다. 어떤 이들은 나중에 이렇게 말했을 것입니다.

"50불씩 헌금할 여유가 없었는데 했구나. 생각도 안 해보고 했단 말이야. 그 헌금은 하지 말았어야 하는데."

나의 50년 사역기간 중에 온 미국을 다니며 집회를 하면서 나는 고의적으로 사람들의 감정이 고조되어 있을 때는 결코 헌금을 받지 않았습니다. 헌금을 걷을 시간이 되었을 때 흥분과 열정이 가득할 경우에는 그 분위기가 가라앉기를 기다리며 헌금시간을 뒤로 늦추었습니다.

드리는 것은 목적을 가지고 기도하는 마음과 사려 깊은

설교자들도 잘 살아야 합니까? 125

태도로 행해지는 의식적인 행위가 되어야 한다고 믿습니다.

목회자는 결코 사람들이 드리도록 강력하게 설득하거나 애걸하거나 압력을 넣어서는 안됩니다. 잔꾀를 부리거나 비현실적인 약속을 하는 것은 부적절하고 질서를 벗어난 것입니다. 우리가 하나님께 드린 것은 나중에도 결코 후회할 것이 되어서는 안됩니다.

내가 주님으로부터 받은 지시

1950년 9월 나는 나의 삶과 사역에 엄청난 영향을 끼친 극적인 경험을 하였습니다. 주님께서 환상 가운데 내게 나타나셔서 구체적인 방향과 가르침을 주셨습니다. 다음 페이지에서 나는 하나님이 허락하신 이 나타나심에 관해 말하고 싶습니다.

이 일은 내가 1950년 8월말과 9월초에 텍사스의 락웰에서 천막 부흥집회를 열고 있는 중에 일어났습니다.

9월 2일 토요일 종일 비가 왔는데 큰 비는 아니었지만, 조금씩 옷을 적시게 되는 비였습니다. 그날 저녁 집회시간에 천막에 도달했을 때도 비가 내리고 있는데 40명 정도의 사람들이 모여 있었습니다.

락웰은 텍사스의 북쪽 중앙에 있는 흙이 검은 곳이었는데, 그 곳은 '당신이 비가 안 올 때 흑색 땅에 있게 되면 당신은 비가 올 때도 흑색 땅에서 꼼짝 못하고 붙어있게 된다'는 말이 있었습니다.

그 집회에 참석중인 많은 사람들은 그 곳에 살고 있는 사람들이었고, 비가 오므로 진흙 때문에 그날 밤 집회에 나올 수가 없었습니다. 그래서 모인 사람들이 적었습니다.

거기 모인 사람들이 모두 그리스도인들이었기 때문에 나는 성경을 가르치고 난 후 기도할 사람들은 앞으로 나오라고 초청했습니다. 그때 시간이 저녁 9시 30분쯤 되었습니다. (여기서 말해둘 것은 그 다음날 일어난 일이 내가 달나라에 맨 처음으로 가는 사람이 되기를 기대하는 것만큼이나 나의 기대와는 전혀 관계없는 일이었다는 것입니다! 나는 그런 경험을 갖고 싶다고 기도해 오지도 않았고 사실은 그런 것을 생각조차 못했습니다.)

모두 나와서 강단 주위에 둘러서 기도를 하고 있었고, 나도 강대상 가까이 접는 의자를 하나 놓고 강단에 무릎을 꿇었습니다. 방언기도를 시작했는데, 나는 한 음성을 들었습니다.

"이리로 올라오너라"

처음 나는 그 목소리가 내게 하는 말인 줄을 깨닫지 못했습니다. 나는 모두 그 음성을 들은 줄로 생각했습니다.

나는 예수님을 보고 있었습니다

"이리 올라오너라." 그 음성이 다시 말했습니다. 그때 나는 눈을 떠 천막 꼭대기 부분쯤에 예수님께서 서 계신 것을 보았습니다. 내가 다시 눈을 들어보니 천막은 사라져 버리고 접는 의자도 사라져 버렸습니다. 천막을 지지하고 있던 기둥들도 사라져 버리고 강대상도 사라져 버렸습니다. 하나님은 내게 영적 세계를 보도록 해주셨습니다. 예수님께서 거기 서 계시고 나는 그의 임재 안에 서 있었습니다.

주님은 손에 왕관을 하나 들고 계셨습니다. 이 왕관이 얼마나 아름다운지 인간의 언어로는 감히 묘사할 엄두도 낼 수 없었습니다. 예수님께서 내게 말씀하셨습니다.

"이것은 영혼을 구원하는 사람이 쓸 면류관이란다. 나의 백성은 너무나 영혼구원에 무관심하구나. 이 면류관은 모든 나의 자녀들을 위해 준비된 것이다. 내가 '이 사람에게 가서 말하라. 혹은 저 사람을 위해 기도하라'고 해도 내 백성은 너무 바쁘구나. 그들이 이것을 미루고 내게 순종하지 않기 때문에 영혼들은 잃어버린 바 되는구나."

예수님께서 이 말씀을 하셨을 때 나는 주님 앞에서 울었습니다. 나는 무릎을 꿇고 나의 잘못들을 회개했습니다. 그때 예수님은 내게 다시 말씀하셨습니다.

"이리 올라오너라."

나는 마치 내가 주님과 함께 대기권을 통과하여 한 아름다운 도시에 온 것 같이 느껴졌습니다. 우리는 실제로 그 도시로 들어가지는 않고 다만 산 위에 올라가서 골짜기에 있는 한 도시를 내려다보는 것같이 가까이 그 도시를 바라보았습니다. 그 도시의 아름다움은 말로 표현할 수 없었습니다!

예수님께서는 사람들은 너무 이기적으로 자기들이 천국에

올 준비가 되어있다고 말한다고 하셨습니다. 또 그들은 그들 주위에 많은 사람들이 어둠 속에 소망 없이 살고 있는데도 하늘의 영광과 맨션에 관해 말하고 있다고도 하셨습니다.

예수님은 내가 나의 소망을 그들과 함께 나누고 그들도 나와 함께 천국에 올 수 있도록 초청해야 한다고 말씀하셨습니다. 그리고 나서 예수님은 나를 보시더니 이렇게 말씀하셨습니다. "자, 이제 지옥으로 내려 가보자."

우리는 멈추지 않고 계속 내려갔습니다. 수많은 성경 구절들이 지옥은 우리 아래 있는 곳으로 언급하고 있습니다. 예를 들면, 이사야 14장 9절과 15절에는 "아래의 음부가 너희로 인하여 소동하며… 그러나 이제 네가 음부 곧 구덩이의 맨 밑에 빠치우리로다"라고 했습니다.

우리는 지옥으로 내려갔는데 그곳으로 들어가면서 나는 불꽃에 휩싸여 있는 사람인 듯한 것들을 보았습니다. 내가 주님께 말했습니다.

"주님, 여기는 제가 1933년 4월 22일 죽어서 왔던 곳과 똑같네요. 주님이 그때 말씀하셨고 그리고 저는 여기서 나와 세상으로 되돌아 왔었지요. 그때 제가 회개하고 기도하며 주님의 용서를 구하자 주님은 저를 구원해주셨습니다. 그런데 지금 저는 그 때와는 너무나 다르게 두려움도 없고 공포에 질리지도 않습니다."

예수님께서 내게 말씀하셨습니다.

"남자들과 여자들에게 이곳에 관해 경고를 해라."

나는 그러겠노라고 울면서 소리쳤습니다.

그러자 주님은 나를 지구로 데리고 오셨습니다. 나는 강단 위에 무릎을 꿇고 접의자 옆에 있었고, 예수님이 내 곁에 서 계신 것을 알아차렸습니다. 주님은 거기 서서 나의 사역에 관해 내게 말씀해주셨습니다.

주님은 그 후 좀 더 자세한 설명이 필요한 부분에 관해 다른 환상을 통해 내게 대략적으로 말씀해주셨습니다. 그리고 나서 예수님은 사라지셨고, 나는 내가 아직도 강단 위에 무릎을 꿇고 있는 것을 알아차렸습니다. 나는 내 주변에서 사람들이 기도하고 있는 소리를 들을 수 있었습니다.

하나님의 보좌

몇 분 후에 나는 다시 천막의 꼭대기 쯤에 서 계신 예수님을 보았고, 공기를 통과해서 주님께 나갔습니다. 내가 주님께 이르자 주님과 나는 같이 천국으로 나아갔습니다. 우리는 하나님의 보좌에 이르렀습니다.

나는 보좌의 모든 광채를 바라보았습니다. 나는 하나님의 얼굴은 볼 수 없었고, 단지 그 분의 형체만 바라볼 수 있을 뿐이었습니다.

처음 나의 주의를 끈 것은 보좌의 무지개였습니다. 너무나 아름다운 무지개였습니다. 두 번째로 내가 본 것은 보좌 양쪽에 있는 날개를 가진 생물체였습니다. 그들은 특별한 형태의 생물체였는데, 내가 예수님과 함께 걸을 때 이 생물체들은 날개를 펴고 서 있었습니다. 그들은 무언가를 말하고 있었는데, 우리가 가까이 가자 날개를 접고 말을 그쳤습니다. 그들은 머리 둘레 전부에 불의 눈들을 가지고 있었으므로, 그들은 한번에 모든 방향을 다 보았습니다.

나는 그 가운데 예수님과 함께 보좌로부터 18~24피트 정도 떨어져 서 있었습니다. 나는 처음에 무지개를 바라보았고 다음에 날개 있는 생물체를 보았고 그 다음에는 그 보좌에 앉아 계신 그 분을 보기 시작했습니다. 예수님은 내게 그 분의 얼굴은 쳐다보지 말라고 말씀하셨습니다. 나는 보좌 위에 앉아 계신 한 존재의 형태만을 볼 수 있을 뿐이었습니다. 예수님은 내게 거의 한 시간 가량 말씀을 하셨습니다. 나는 내 생활에서 다른 누구를 보았던 것과 다름없이 그렇게 예수님을 보았습니다. 나는 주님께서 말씀하시는 것을 들었습니다.

사랑을 들여다보기

처음으로 나는 실제로 예수님의 눈을 들여다보았습니다. 이 경험과 관련해서 사람들은 여러 번 내게 "주님의 눈은 무엇과 같았습니까?"라고 물었습니다. 내가 말할 수 있는 것은 오직 주님의 눈은 살아있는 사랑의 샘 같았다는 것입니다. 주님의 눈은 마치 반마일 정도의 깊이를 들여다 볼 수 있는 것 같았고, 그분이 사랑으로 부드럽게 바라보심은 형용할 수가 없었습니다. 주님의 얼굴과 눈을 들여다보고서 나는 주님 발 앞에 엎드렸습니다. 그때야 나는 주님이 맨 발이었던 것을 알아차렸고, 나는 내 두 손바닥을 그분의 발 위에 올려놓고 나의 이마를 내 손위에 대었습니다.

나는 눈물을 흘리면서 "오 주님, 아무 자격도 없는 제가 주님의 얼굴을 뵙다니요!"라고 말했습니다. 예수님은 내게 내 발로 바로 서라고 말씀하셨습니다. 나는 일어섰습니다. 주님은 주께서 나를 부르셨고, 모든 죄로부터 나를 깨끗하게 하셨으므로 내가 그분의 얼굴을 바라볼 자격이 있다고 하셨습니다.

주님은 나의 사역에 관한 것들을 내게 말씀하셨습니다. 주님은 나를 내가 태어나기 전에 부르셨다는 것을 말씀하셨습니다. 주님은 비록 사탄이 나의 생명을 파괴하려고 여러 번 시도하였지만 주님의 천사들이 나를 지켰고 돌보았다고 말씀하셨습니다.

예수님은 주님께서 내가 태어나기 전에 나의 어머니께도 나타나셔서, "두려워 말아라. 아기가 태어날 것이다."라고 말씀하셨고, 내가 성령의 능력 안에서 섬기게 될 것과 주님께서 나를 부르신 그 사역을 이룰 것을 말씀하셨다고 했습니다.

그리고 나서 주님은 당시 1949년 2월, 내가 마지막으로 목사로 섬겼던 교회에 관해 말씀하셨는데 그 목회 사역은 나의 사역의 첫 단계에 들어갔던 것이라고 하셨습니다. 주님은 어떤 사역자들은 주님께서 그들을 부르신 사역의 첫 단계에도 들어가지 못하고 살다가 죽는다고 하셨습니다. 예수님은 덧

붙여서 그것이 바로 많은 사역자들이 일찍 죽는 이유 중의 하나라고 하셨습니다. 즉 그들은 주님의 허락하신 뜻 안에서 허락하신 만큼만 살고 있었던 것입니다.

하나님이 허락하신 뜻(permissive will)

15년 동안이나 나는 주님의 허락하신 뜻 안에서만 살았었습니다. 나는 12년 동안 목사로서 섬겼고, 3년은 복음전도자의 일을 하였습니다. 그 당시에 하나님은 내가 그런 일을 하도록 허락하셨지만, 그 일은 나의 생애를 위한 그분의 완전한 뜻(perfect will)이 아니었습니다.

주님은 말씀하시기를 내가 그분을 시중들기 위해 기다리지 않았었으며, 주님께서는 내가 그분께 순종하기를 기다렸었다고 하셨습니다. 그리고 나서 주님은 1949년 내가 나의 사역의 첫 단계로 들어갈 때에 관해 말씀하셨습니다. 주님은 내가 신실하지 못했으며 그분이 내게 하라고 하신 것을 하지 않았다고 하셨습니다. 주님은 그들에게 말하라고 한 것을 내가 그 사람들에게 말하지 않았다고 말씀하셨습니다. 나는 대답하기를 "주님, 제가 신실하지 못했던 것이 아닙니다. 저는 주님께 순종하였습니다. 저는 그 교회를 떠나 순회 전도사역을 하러 나갔습니다."라고 했습니다.

주님은 "그렇지, 너는 그 교회를 떠나 전도사역을 시작했었지. 그러나 너는 내가 네게 하라고 한 것을 하지 않았어. 네가 하지 않은 이유는 네게 말했던 이가 나의 영이라는 것을 의심했기 때문이었다. 너도 알고 있듯이 믿음은, 그 말이 기록된 하나님의 말씀이든지 사람에게 말한 나의 영이든지 나의 말씀에 순종하는 것이다."

나는 주님 앞에 엎드려서 "네, 주님 제가 순종하지 않았습니다. 잘못했습니다."라고 말하면서 그분의 뜻을 놓치고 그분이 나를 다루셨던 것을 의심한 것에 대해 많은 눈물을 흘리며 회개했습니다.

"네 발로 일어서라." 주님이 말씀하셨습니다. 주님 앞에 다시 서자 주님은 내가 1950년 1월 나의 사역의 두 번째 단계로 들어갔음을 말해주셨습니다. 그때 주님은 내 가슴을 통하여 조용하고 세미한 음성으로 그리고 예언을 통하여 내게 말씀하셨습니다. 나의 두 번째 사역 단계 중에 다음 8개월 동안 나는 그 말씀을 믿었고 신뢰하였으며 순종하였습니다.

이제 나는 세 번째 단계로 들어섰습니다. 주님은 내가 그분이 말씀하신 것에 신실하면, 즉 내가 믿고 그분께 순종한다면 그분은 내게 다시 나타나실 것이라고 말씀하셨습니다. 그때 나는 네 번째 단계, 즉 나의 사역의 마지막 단계로 들어가고 있는 것이었습니다.

예수님의 상처를 봄

그리고 나서 주님은 내게 말씀하셨습니다. "네 손을 내밀어라!" 주님은 자신의 손을 앞에 내미셨습니다. 나는 그 손을 들여다 보았습니다. 무슨 이유에서인지 나는 주님의 손에서 못들이 살을 뚫었던 상처를 볼 것을 기대하고 있었습니다. 그러나 나는 그보다는 더 잘 알고 있었어야 했습니다. 우리는 실제로 성경에도 없는 생각들을 가지고 믿음으로 받아들이는 경우가 허다합니다.

나는 그 분의 손바닥에서 상처 대신에 십자가의 상처들, 즉 삼각형 모양의 뚫린 구멍들을 보았습니다. 한 구멍의 크기는 내가 손가락을 넣을 수 있을 만큼 컸습니다. 나는 그 구멍의 반대쪽에서 나오는 빛을 볼 수 있었습니다.

이 환상을 본 후에 나는 성경을 가지고 요한복음 20장을 펴서 그리스도께서 부활하신 후에 그의 제자들에게 나타나셨던 때를 읽어보았습니다.

예수님께서 그들에게 처음 나타나셨을 때 도마는 제자들과 함께 있지 않았었습니다. 제자들은 도마에게 그들이 주님을 보았다고 말했지만, 그는 믿지 않고 이렇게 말했습니다. "다른 제자들이 그에게 이르되 우리가 주를 보았노라 하니 도마가 이르되 내가 그 손의 못 자국을 보며 내 손가락을 그 못 자국에 넣으며 내 손을 그 옆구리에 넣어 보지 않고는 믿지 아니하겠노라 하니라"(요 20:25).

여드레 후에 도마를 포함한 제자들이 한 방에 함께 있을 때 예수님께서 그들 가운데 다시 나타나셨습니다. 예수님은 도마를 보시고 말씀하셨습니다. "도마에게 이르시되 네 손가락

설교자들도 잘 살아야 합니까? 135

을 이리 내밀어 내 손을 보고 네 손을 내밀어 내 옆구리에 넣어 보라 그리하고 믿음 없는 자가 되지 말고 믿는 자가 되라 도마가 대답하여 이르되 나의 주님이시요 나의 하나님이시니이다"(요 20:27-28).

나는 그 때 도마가 보았던 것에 관해 더 깊은 통찰력을 갖게 되었습니다. 도마는 손가락을 예수님의 손의 상처에 넣어볼 수도 있었고 자신의 손을 주님의 옆구리에 넣어볼 수도 있었습니다.

주님께서 내 앞에 펴신 손의 상처를 들여다보면서 나는 주님께서 내게 지시한대로 앞으로 나의 손을 내밀었습니다. 주님은 오른손의 그 손가락을 내 오른손 바닥에 다음에는 내 왼손바닥에 대셨습니다. 그 순간 내 손은 마치 불붙은 석탄 덩어리를 손바닥에 놓은 것처럼 타기 시작했습니다.

예수님께서 특별한 기름부음을 주십니다

그리고 나서 예수님은 내게 그분 앞에 무릎을 꿇으라고 말씀하셨습니다. 내가 무릎을 꿇자 주님은 그의 손을 내 머리에 얹으시고 주님께서 나를 부르셨으며 내게 병든 자들을 섬길 특별한 기름부음을 주었노라고 말씀하셨습니다.

주님은 내게 언제 기도하고 환자에게 손을 얹어야 하는지 가르쳐 주셨습니다. 주님은 나의 양손을 환자의 몸 앞뒤로 양쪽 모두 얹으라고 하셨습니다. 불이 손에서 손으로 옮겨 다니는 것을 느끼면, 악한 영이나 귀신이 몸에서 병을 일으키고 있다는 것이었습니다.

그런 경우 나는 예수님의 이름으로 귀신을 불러내야 하고, 귀신들은 나가야만 했습니다. 불이나 기름부음이 나의 이 손에서 저 손으로 옮겨 다니지 않으면, 이런 경우는 치유만 필요한 경우입니다. 이런 때는 그 사람을 위해 예수 이름으로 기도해야 합니다. 그 때 그가 믿고 받아들이면, 기름부음은 내 손에서 그 사람의 몸으로 들어가게 되고, 병을 쫓아내고 치유를 가져옵니다. 불이나 기름부음이 내 손에서 나가 그 사람 몸에 들어가면, 나는 그 사람이 낫게 되리라는 것을 알았습니다.

나는 예수님의 발아래 엎드려 간구했습니다. "주님, 저를 보내지 말아주세요. 주님, 다른 사람을 보내세요. 제발 저를 보내지 마세요. 어디든지 제가 목사로서 섬길 수 있는 작은 교회나 제게 주십시오. 주님, 저는 가고 싶지 않습니다. 저는 병든 자를 위해 기도하는 사람들에 대한 너무나 많은 비판을 들었습니다. 저는 평범한 사역을 하기 원합니다."

주님은 나를 꾸짖으시며 이렇게 말씀하셨습니다.

"내가 너와 함께 갈 것이다. 네가 병자를 위해 기도할 때 나는 네 곁에 서 있을 것이며 너는 여러 번 나를 보게 될 것이다. 가끔은 청중 가운데서도 어떤 사람의 눈을 열어주겠다. 그러면 그들은 '아, 저 사람이 병자를 위해 기도할 때 나는 예수님께서 서 계신 것을 보았습니다.'라고 말할 것이다."

예수님은 누가 나를 불렀는지, 즉 사람이 불렀는지 주님이 불렀는지 물으셨습니다. 나는 "주님, 주님이 부르셨습니다."
라고 대답했습니다.

사람을 두려워 하지 말아라

　주님은 내가 주님을 두려워해야 하며 사람을 두려워해서는
안 된다고 설명해주셨습니다. 왜냐하면 사람들이 나를 비판
할지라도 그들은 나의 심판자가 아니기 때문입니다.
　나는 언젠가는 주님의 심판대 앞에 서서 나의 사역을 통해
한 일에 대한 옳고 그름을 회계할 것입니다.
　"주님, 맞습니다. 주님께서 저와 함께 가신다면 저도 가겠
습니다."
　그러자 이런 사역을 비판하는 사람들에 대해 전에는 내가
알지 못했던 사랑이 내 가슴에 벅차 올랐습니다.
　"주님, 병자들을 위해 기도하겠습니다. 그들은 모르기 때문
이고, 알았더라면 그런 말을 하지 않았을 것입니다. 주님 저
도 비슷한 말을 했었습니다만, 그때 나는 지금 내가 알고 있
는 것만큼 깨닫지 못했었습니다. 그들도 깨닫지 못했기 때문
이지요. 그들을 용서해 주십시오. 주님!"
　"내 아들아, 됐다. 네 사역을 완성하고 충성하거라. 시간이
얼마 남지 않았다."
　내가 하나님의 보좌로부터 걸어나와 멀어져 갈 때 예수님
께서 내게 말씀하셨습니다.

"되어지는 모든 일에 대해 찬송과 영광을 반드시 내게 돌리도록 해라. 이런 사역을 위해 내가 기름부어 주었던 많은 나의 종들이 돈에 관심을 갖기 시작하고, 그 기름부음과 내가 허락한 사역을 잃어버렸단다."

"눌린 것에서 구원받기 위해서라면 얼마든지 돈을 지불하려고 하는 사람들이 많을 것이다. 잘못되어 뒤틀린 몸을 가진 자녀를 둔 많은 부모들은 이 병을 고치려고 수 천 달러를 기꺼이 줄 것이다. 그러나 너는 네가 하는 사역에 대한 대가를 받아서는 안된다. 지금까지 해오던 대로 헌금을 받아라. 네가 해오던 그대로 하고 그 일에 충성하라. 시간이 얼마 남지 않았다."

그리고 나서 예수님은 나와 함께 지구로 돌아오셨고, 나는 내가 그때까지 얼굴을 바닥에 대고 엎드려져 있었다는 것을 깨달았습니다. 예수님은 몇 마디 더 하시더니 사라지셨습니다. 그리고 환상이 끝났습니다.

이 경험 이후 나는 그 이전과 다른 사람이 되어있었습니다. 수년 동안 나의 노력을 통하여 이루어진 것에 대해서도 모든 영광을 하나님께 돌렸으며, 돈에 관련된 것에 있어서는 특별히 주의를 기울여왔습니다.

그렇다면 내가 나의 노력에 대한 재정적인 보상을 전혀 받지 않는다는 것입니까? 결코 그렇지 않습니다. 실제로 주님은 사람들로부터 헌금을 계속 받으라고 말씀하셨습니다. 그러나 그것은 내가 섬긴 그 일에 대해 대가를 받는 것, 즉 내가 가르친 것이나 그들을 위해 기도한 것에 대해 구체적인 금액을 지불할 의무를 느끼게 하지는 말라는 것이었습니다.

목사로서 목회지를 떠나 순회 복음전도자가 된 이래 나는 나 자신을 위해 헌금을 걷는 일은 결코 하지 않았습니다. 나는 내가 섬기게 되는 교회의 담임목사에게 단지 "이번 헌금은 우리의 복음전하는 자인 해긴 형제를 위해 드립니다."라고만 말하도록 부탁했습니다.

나도 자주 집회 중에 그 교회와 담임목사를 위해 헌금을 걷기도 했습니다. 가끔은 그 교회의 특별한 사업이나 필요를 위해 특별헌금을 하기도 했습니다.

내가 그들에게 드리는 것과 부요함의 성경적 원리에 대해 가르쳤기 때문에 사람들은 보통 때보다 더 열정적이고 풍성하게 헌금을 했습니다. 목사님들은 그 때 걷은 헌금이 가장 많은 액수의 헌금이었다고 말하곤 했습니다.

"해긴 형제님, 정말로 자신을 위해서는 헌금을 걷지 않아도 되겠습니까?" 그들이 물었습니다. 나는 항상 나를 위해 헌금하는 것을 거절하였습니다.

나는 나의 동기와 우선순위가 조금이라도 흐려지는 것을 원치 않았습니다. 나의 우선적인 목적은 그 사람들과 그 교회, 즉 교회를 축복하는 것이지 내가 개인적으로 유익을 보는 것이 아니었습니다. 그럼에도 불구하고 주님께서는 항상 나의 필요를 채워주셨으며, 나의 가족도 풍성하게 살 수 있도록 공급해 주셨습니다.

순회 복음전도자로서 전국의 여러 교회를 섬기는 수년 동안 나는 자신을 위한 헌금은 한번도 걷은 적이 없었습니다. 아무도 내가 자기 유익을 구하는 사람이라고 생각할 추호의 가능성이 없도록 나는 그런 경우를 철저히 피해왔습니다. 사도 바울이 악은 어떤 모양이라도 버리라고 쓴 것과 같이 말입니다(살전 5:22).

나를 오해하지 마십시오. 교회에서나 집회에서 자신을 위해 헌금을 걷는 복음전도자는 사역의 윤리를 범하거나 자신의 성실성의 부족함을 나타내는 것이라는 의미로 말하는 것이 아닙니다.

많은 하나님의 사람들이 순수한 동기를 가지고 사람들의 신뢰를 손상시키지 않으면서, 자신들의 사역을 위해 헌금을 받는다고 확신합니다. 그러나 나 자신의 경우에는 주님께서 내게 돈에 관하여는 특별히 조심하라고 구체적으로 지시하셨기 때문에 나는 스스로 유혹을 받거나 어떤 그럴듯한 사람으로부터도 도전을 받지 않도록 개인적인 기준을 정해 놓으려고 애썼습니다.

이 일은 내게 옳은 일이었으며, 하나님께서는 나의 이 행동을 좋게 여기셨다고 나는 믿습니다.

나중에 내가 케네스 해긴 미니스트리를 시작하게 되었을 때 우리는 전도집회, 세미나, 대형집회, 캠프미팅과 같이 지역교회의 차원을 넘는 여러가지 행사를 하게 되었습니다. 이런 집회에서는 헌금을 받았습니다. 그러나 그 돈은 조직을 위해 사용하는 돈이지 내게 들어오는 돈이 아닙니다.

우리가 독립적으로 집회를 열게 되면 물론 모든 경비와 비용은 케네스 해긴 미니스트리가 책임지는 것입니다. 우리는 강당임대료, 광고료, 모텔과 식당사용료, 여행경비와 다른 모든 비용을 지불합니다. 우리 사역팀에 속한 사람들은 미니스트리 수입으로부터 정기적인 월급을 받습니다.

　우리는 항상 예배에 참석한 사람들에게 그들의 헌금이 어떤 목적으로 쓰여질 것인지를 알려줍니다. 그 집회를 위한 예산 이상의 헌금이 걷히면 추가로 들어온 헌금은 미니스트리의 다른 사업이나 전도사업 자금으로 사용되도록 합니다. 처음부터 우리는 우리들의 사역이 재정적으로 책임성 있도록 설립하였습니다. 우리는 연방 국세청은 물론 주정부로부터도 비영리 재단으로 인정과 허가를 받았습니다.

　사역 재단은 모든 재정 거래를 검토하는 신뢰할 만한 사업가들로 구성된 이사회가 있습니다. 뿐만 아니라, 모든 재정기록은 모든 주와 국가의 법을 준수하여 정확성을 검증 받은 국가적인 회계 법인에 의해 감사를 받고 있습니다. 우리는 우리에게 맡겨진 1불까지도 착하고 충성된 청지기로서 최선을 다해 사용하고 관리합니다.

십일조는 지역교회의 것입니다

　수년 동안 나는 지역교회의 사역과 목회자들을 항상 존경하고 귀하게 여겼습니다. 그리스도의 몸인 교회는 하나님의 뜻과 일을 수행하는 하나님의 최우선적인 도구라고 믿습니다. 그렇다고 선교사, 복음전하는 자나 유사교회 조직들의 가치와 필요를 경감시키는 것은 아닙니다.

지역교회는 또한 그 지역사회에 대한 기지가 되며 세상을 향한 여러가지 선교사역을 하는 곳입니다. 그러나 지역교회는 신자 개인들이 양식을 먹고 강건해지며 영양을 공급받고 돌봄을 받고 훈련받고 구비되어지는 곳입니다.

일반적인 원칙으로 사람들은 그들이 속한 지역교회에 십일조를 드려야 한다고 믿습니다. 그렇게 하므로 그들과 그들의 가족을 돌보는 사역자들을 후원하고 있는 것입니다. 그들이 살고 있는 지역사회에 긍정적인 존재와 증거로서의 자격을 유지하게 되고 선교와 다른 섬기는 사역을 후원할 뿐 아니라 가난한 사람과 도움이 필요한 사람들을 도와주는 일을 하고 있는 것입니다. 다양한 다른 사역도 교회와 개인에 의해 헌금이나 다른 재정적인 형태로 후원될 수 있고 또 그래야만 합니다. 이런 사역단체들과 조직들도 그리스도의 이름으로 아주 중요하고도 놀라운 봉사를 하고 있으며, 그들도 친구와 후원자들로부터 기도와 재정적인 후원을 받아야 마땅합니다.

나는 내가 주관하는 집회에 참석하는 사람들이나 나의 라디오 방송 청취자들이나 내 서적을 읽은 독자들에게 십일조를 나에게 내라고 하지 않을 것을 분명히 밝혔습니다. 그 대신 나는 나의 사역을 돕는 후원자들에게 십일조를 반드시 그들이 출석하는 지역교회에 내고 그 외에 우리 사역을 위해 드리고 싶으면 헌금을 하도록 격려했습니다. 이것이 성경적인 모형이며 사역자들도 후원을 구하는 바른 방법이라고 나는 믿습니다.

우리가 자기들의 유일한 영적 영양을 공급받는 곳이기 때문에, 우리 사역에 십일조를 해야겠다고 느낀다고 말하는 사람들이 가끔 있었습니다. 아마도 그들 가까이 교회가 없거나 집밖으로 외출할 수가 없는 사람들일 수도 있겠지요. 라디오 방송, TV 프로그램, 테이프, 책, 비디오나 다른 자료들을 통해서 우리는 영적인 양식을 공급하고 영혼을 돌보았습니다. 이런 특별한 경우에는 기도해보고 그들의 십일조를 받습니다. 그러나 거의 대부분의 경우에 우리는 사람들에게 그들이 다니는 지역교회에 헌금을 하도록 촉구합니다.

함께 모이기를 포기하지 마십시오

하나님의 말씀은 우리가 하나님께 예배드리고 서로 격려하며 가르침과 영감을 받기 위해 다른 신자들과 함께 모이라고 합니다. 교회는 내가 알기에 이런 일이 일어날 수 있는 가장 좋은 곳입니다.

히브리서 10장 24절은 "서로 돌아보아 사랑과 선행을 격려하며"라고 했습니다. 이 경우에 예외가 되는 어떤 말씀도 나는 알지 못합니다.

기독교 TV를 보거나, 라디오를 통한 프로그램에 귀를 기울이거나, 가르치는 테이프를 듣거나, 비디오를 보거나, 기독교 서적을 읽는 것은 좋은 일이며 나도 그렇게 합니다. 그러나 그것들이 결코 지역교회의 자리를 차지할 수는 없는 것입니다. 텔레비전이 자기 목사이기 때문에 더 이상 교회에 다니지 않는다는 사람들을 나는 알고 있습니다. 그들은 이렇게 말합니다.

"나는 스미스 형제의 설교를 즐겨봅니다. 그는 나의 목사님 같습니다."

그러나 스미스 형제는 목사가 아니기 때문에 그들의 목사가 될 수 없습니다. 그는 목사의 직분을 가지고 섬기고 있지 않습니다. 그가 섬기는 교회를 가지고 있지 않으면 그는 목사가 아닙니다.

몇 년 전에 인기 있는 복음전도자가 몇 명의 목회자들이 모인 사적인 모임에게 한 말을 듣고 나는 정말 놀랄 수밖에 없었습니다. 그는 이렇게 말하는 것이었습니다.

"나는 지역교회를 별로 믿지 않습니다. 사람들이 만일 내 방송을 듣고 테이프를 사든고 책을 읽으면 여느 교회에 나가는 사람 못지 않게 집에서도 좋은 그리스도인이 될 수 있습니다."

그의 얘기를 들었던 몇몇 목사님께 내가 이렇게 말했습니다.

"불쌍한 예수님께서 그 사람만큼 똑똑하지 못해 부끄러울 지경입니다. 불쌍한 옛날 하나님께서는 그 사실을 미처 모르신 게 분명합니다. 하나님은 목사가 되라고 목사들을 보내셨고 그의 말씀에 함께 모이기를 폐하지 말라고 기록하셨으니까요!"

기회가 오자마자 내가 이 사람에게 물었습니다.

"당신 목자, 즉 목사 맞습니까?"

그는 더듬으면서 "오! 아니, 아닙니다! 나는 목사로 부름 받지 않았습니다." 그가 대답했습니다.

나는 이어서 질문했습니다. "그렇다면 어떻게 당신의 테이프만 듣고 책을 읽으면서 어떻게 성공적인 그리스도인이 될 수 있습니까?" 그는 내 질문에 적절한 대답을 가지고 있지 못했습니다.

하나님께서는 하나님의 사람들의 일상의 필요를 채워주고 섬기기 위해 교회를 사용하십니다. 교회는 가족입니다. 우리 모두는 가족의 후원을 필요로 합니다. 우리는 새로 탄생한 아기가 자람에 따라 그를 어떻게 돌보며 먹이며 보살펴야 하는지 알고 있습니다. 시간이 지나면 가족들은 아기가 걷는 것, 스스로 옷을 입는 것과 신을 신는 것을 배울 수 있도록 도와주고, 단순한 일이나 작은 심부름을 시키기도 합니다. 결국 아이는 가정에 유용한 일을 하는 법을 배우고 마침내 사회의 생산적인 구성원이 됩니다.

교회가족도 새로운 그리스도인에게 비슷한 역할을 수행합니다. 집중적인 돌봄과 훈련의 기간이 지나면 어린 그리스도인들은 하나님을 예배하는 법과 주님을 섬기기 시작하는 것을 배울 기회를 갖게 됩니다. 처음에는 성경공부나 예배나 기도하는 것을 배우는 등 단순한 것으로 시작을 합니다.

그 후에는 그들의 달란트를 사용하여 다른 사람들을 돕거나 축복하는데 쓰임 받게 됩니다. 어떤 능력을 가지고 있든지 그들은 곧 하나님의 일에 참여하며 공헌하기 위해 무엇인가 할 일을 발견하게 됩니다. 교회가족만이 이런 후원과 참여를 할 수 있도록 해줍니다. 누구도 테이프를 듣고, 책을 읽는 것만으로는 이런 경험을 얻을 수 없는 것입니다. 기독교 방송이나 텔레비전은 그냥 앉아서 보고 듣기만 하는 구경꾼이 되도록 하는 경향이 있습니다. 물론 복음 방송과 다른 자료들은 청중을 즐겁게도 하고 세우고 자라게도 하는 탁월한 영적인 내용을 담고 있는 경우가 많이 있으며, 하나님의 왕국에 가치 있는 자리를 차지하고 있습니다. 그러나 그리스도인들을 훈련하고 구비하여 그리스도인으로서 섬기며 살도록 하는데 있어서는 지역교회의 기능을 결코 라디오나 텔레비전 방송이 대체할 수는 없는 것입니다.

인생의 위기가 올 때
누가 당신 곁에 있어 주겠습니까?

조만간 우리 모두는 인생의 위기들을 체험하게 되어 있습니다. 이때 어딘가에, 누구든지 우리를 사랑하며 부축해 줄 사람들을 가지고 있는 것은 매우 중요합니다.

예를 들면, 텔레비전 프로그램을 당신의 목사로 의지하고 살다가 중병에 걸려서 병원에 입원이라도 하게 되면 어떻게 할 것입니까? 누가 당신을 위해 기도해주고 하나님을 믿으라고 격려해 주러 오겠습니까? 사랑하는 사람 중에 한 사람이 세상을 떠난다면 어떻겠습니까? 당신의 그 텔레비전 설교자를 불러와서 당신을 위로해 달라고 할 수 있습니까? 그 사람이 장례를 준비하고 마지막 장례식을 준비하도록 도와 줄 수 있습니까? 당신과 함께 비통해하는 가족들을 위해 집으로 음식을 장만해서 가져다 줄 사람이 있습니까?

당신의 아들이나 딸이 결혼을 하려고 한다면 어떻게 할 것입니까? 누가 혼전 상담을 해주고 결혼식과 피로연에 대해 상담을 하고 결혼식 주례를 해주겠습니까? 라디오 목사나 텔레비전 교회가 당신의 이러한 필요를 충족시킬 수 있을 만큼 신뢰할 만합니까? 그들을 믿지 마십시오!

당신이 신뢰할 수 있는, 실제로 살아있는 살과 피를 가진 사람들의 보살핌을 당신이 원할 때가 반드시 있습니다. 당신은 가족, 즉 당신을 알고 사랑해주는 사람들의 도움과 후원이 필요합니다.

사도행전 4장은 베드로와 요한의 삶을 통해 내가 지금 말하고 있는 것을 보여주고 있습니다. 예루살렘 성전 밖의 앉은뱅이에게 치료의 말을 한 후에 거기 모인 군중들에게 예수를 선포하고 나서 베드로와 요한은 종교지도자들에게 잡혀서 감옥에서 밤을 세우게 되었습니다. 심문과 위협을 받은 후 마침내 그들은 감옥에서 풀려 나왔습니다. 다른 사람들을 돕고 주님의 편이 되어 증거하다가 그런 일과 핍박을 받는다면, 당신은 어떻게 했겠습니까? 감옥에 갇혀서 하룻밤을 세우고 거리로 내쫓김을 당했다면 당신은 어디로 가겠습니까? 베드로와 요한은 어떻게 했습니까?

성경은 "사도들이 놓이매 그 동료에게 가서…"(행 4:23)라고 말하고 있습니다. 그들은 어려움에 처할 때 어디로 가야할지 알고 있었습니다. 그들은 테이프를 듣거나 책을 읽으러 가지 않았습니다. 그들은 스미스 형제의 라디오 방송이나 텔레비전 프로그램을 보지 않았습니다. 그들은 그들과 믿음을 함께 하고 있는 동료 신자들, 특히 그들을 알고 그들을 사랑하는 사람들을 찾아갔습니다.

나는 베드로와 요한의 동료 친구들이 목욕을 할 장소와 깨끗한 수건을 주었으리라고 믿습니다. 그리고 나서 먹을 것을 만들어 대접하고 베드로와 요한이 그들에게 일어났던 일을 말하는 것을 들었을 것입니다. 그리고 그들은 함께 기도하였고 성령이 임하셔서 그 집이 흔들렸습니다. 그 후에 그들은 담대하게 하나님의 말씀을 계속 전했습니다(행 4:31).

우리 모두는 믿는 동료들이 필요합니다.

그냥 집안에 있으면서 누군가 라디오와 텔레비전에서 설교하는 것만 듣고 있다면, 우리에게는 함께 할 동료가 없게 됩니다! 우리에게는 하나님의 사람을 만날 수 있는 곳이 필요합니다. 우리는 함께 모여 서로 도와주고 후원해주고, 우리가 가진 것들을 모두 동원하여 하나님의 일을 하며 위대한 명령을 수행할 필요가 있습니다. 그래서 하나님은 우리에게 지역 교회에 모이는 것을 폐하지 말라고 말씀하십니다(히 10:25).

그렇기 때문에 어떤 다른 곳에 헌금하는 것보다도 당신이 다니는 지역교회를 재정적으로 후원하는 것이 더 중요한 것입니다. 당신의 지역교회가 그 교회의 일과 전도와 선교사역을 할 수 있도록 십일조를 교회에 드리십시오. 물론 당신의 도움을 받을 자격이 있는 다른 사역도 많이 있습니다. 그들도 제외시키지 마십시오. 하나님께서 당신을 축복하시고 당신이 나누어 줄 수 있도록 하심에 따라 그들의 일을 도울 수 있도록 헌금을 보내십시오.

당신이 이대로 한다면, 하나님께서는 당신을 통하여 당신의 교회와 목사님을 도와 함께 일하는 동역자들을 축복하시고 주님을 위해 위대한 일을 성취하고 있는 하나님의 사람들을 부요하게 하실 것입니다. 그리하면 하나님께서 당신의 필요를 만족시키시고 당신을 영적으로, 육체적으로, 물질적으로 복 주실 것을 나는 믿습니다. 그때서야 비로소 당신은 진정한 부요함의 의미를 체험함으로 알게 될 것입니다.

제 6 장

남용과 오용을 피하는 법
(Avoiding Abuses And False Practices)

현대 문명사회에 있어서 돈은 필요한 일상의 도구입니다. 한 가족이 함께 일하여 스스로 살집을 짓고, 먹을 양식을 가꾸고, 샘을 파서 물을 긷고, 연료를 장만하고, 옷을 만들고, 운송 수단은 '자연적인' 것만 사용하던 시대는 대부분의 사람들에게 머나먼 추억일 뿐입니다.

오늘날은 일상생활을 하는데 필요한 기본적인 물건과 서비스도 반드시 돈을 주고 사야만 합니다. 돈을 한 푼도 안 쓰고 하루를 보내기는 매우 어렵습니다. 이렇게 돈에 의존하는 것이 대부분의 사람들이 하루하루 살아가는 삶일 뿐 아니라, 돈은 교회와 사역단체가 그 일을 수행하는데 큰 영향을 끼칩니다.

사역에 필요한 돈 구하기

돈을 구하는 것은 우리가 살아가는 삶의 현실이며 어떤 효과적인 그리스도인의 단체라 해도 살아 남기 위하여 필수적인 것입니다.

고든 린지는 20세기 신유부흥과 오순절 운동의 지도자적인 사역자 중의 한 사람이었습니다. 또한 그는 '열방을 위한 그리스도(Christ for the Nations)'의 창시자였습니다. 많은 글을 쓰고 출판했던 린지 목사는 목회자가 사역에 필요한 돈을 구하는데 직면하게 되는 위험과 문제들에 관해 자주 언급했습니다. 어떤 부분은 이전 장에서 조금씩 언급되기도 했습니다만 그는 그의 책 '은사 중심 사역(The Charismatic Ministry)'에서 이렇게 썼습니다.

> 돈은 그리스도인의 사역을 촉진하는데 매우 중요한 요소입니다. 어느 정도 돈이 가용한가가 우리의 활동의 범위를 결정짓게 됩니다. 그러므로 사역자가 자신이 부름을 받아 수단을 찾는 것은 아주 자연스러운 일입니다.
>
> 그런데 바로 이 부분에서 조심하지 않는 사람에게는 그들을 걸려 넘어뜨릴 함정들이 도사리고 있습니다. 반대할 만한 것과 허용할 만한 것 사이의 경계선은 때로는 매우 희미합니다. 어떤 사람들은 선교사역을 위해 수만 불씩 헌금을 걷으면서 그들이 하는 일도 높이 칭찬을 받습니다. 반면에 어떤 이들은 비교적 얼마 안 되는 돈을 모았는데도 그 돈을 모으는 방법이나 그 돈을 사용하는 방법이 강한 정죄를 부르기도 합니다.
>
> 사람들에게 그 돈이 어떤 목적을 위해 사용될 것이라고 말해놓고 대부분을 다른 일, 즉 홍보비등으로 사용한다면

그 돈은 거짓 구실로 모금한 것입니다. 이것은 아픈 곳을 건드리는 것입니다.

물론 선교에 필요한 돈을 모금하는데도 비용이 발생합니다. 그렇지 않다고 말하는 사람은 진실을 말하고 있지 않는 것입니다. 그렇지만 그 자금의 대부분이 모금하는데 필요한 비용으로 사용되었다면 무언가 잘못된 것입니다.

어떤 집회에서 헌금을 걷는 방법은 너무나 중요합니다. 만일 집회 때마다 혹은 예배 때에 꽤 여러 번 많은 헌금을 해 줄 것을 독려하는 말을 하게 되면 그 공동체의 사람들에게 미치는 영향은 비호의적으로 나타나게 될 가능성이 높습니다. 그런 독려를 하는 사역자들은 곧 주로 모금을 위해 고용된 것으로 여겨질 것입니다.

린지는 또한 모금의 수단으로 수년 동안 많은 종교단체에서 행해지고 있는 '속임수들'에 관해서도 언급했습니다.

유물, 뼈, 거룩한 물, 회개의 값으로 내는 돈 등을 소재로 한 속임수는 중세의 교회에 저주를 가져왔습니다. 이런 속임수들은 사람들의 무지함과 미신에 호소하기 위한 모금방법으로서 그 당시에 널리 퍼져있었습니다. 오늘날도 어떤 설교자들은 사람들이 돈을 내놓도록 유혹하기 위해 속임수를 쓰고 있습니다. 우리가 속임수라고 하는 것은 그 사용이 성경적인 지지를 받고 있지 않는 일종의 주문(주문의 문구)이나 부적(작은 장신구 등)과 같이 그 자체가 어떤 효용이 있거나 모종의 신비한 능력이 있다고 하는 것들을 사용하는 것을 의미합니다.

이런 속임수에는 어떤 것들이 있을까요? 셀 수도 없을 만큼 많기도 하고 새로운 것들이 등장합니다. 여기 조금만 적어보면 다음과 같습니다. 돈이 '초자연적으로' 불어난다는 '복 있는 지갑', 부유함을 주는 '선물', 그 사람이 눈을 감으면 그 후에 다시 영상이 보인다는 '마법의 그림들', 특별한 '기도카펫', 특별한 효능을 지녔다는 '거룩한 기름'이나 '거룩한 물', '초자연적으로' 색깔이 변하는 천, '복 있는 손톱', '복 있는 그림', 천사가 그 위를 걸었다는 '톱밥', 천사가 내려와서 '동하게 했다'는 물 한 통, 귀신을 속에 집어넣은 '병' 등입니다.

이것들은 일반 대중들에게 제공되었던 수많은 속임수 중에 일부일 뿐입니다. 유품, 성인들의 뼈, '진짜 십자가'에서 떨어진 부서진 조각 등과 같이 교회가 사용하던 모든 속임수가 아무 효력이 없는 가짜라고 마틴 루터가 확신하게 된 것이 사실상 종교 개혁의 시작이었습니다. 하나님께서 도우셔서 사역자들이 복음의 순수함과 단순함을 잃지 않고, 이런 것들을 가지고 사람들을 잘못 인도하지 않기를 바랄 뿐입니다.

린지의 글은 저명한 저자인 데이빗 에드윈 해럴 주니어의 오순절 운동 연구 서적인 '모든 일이 가능하다(All things are possible)'에도 인용되었습니다. 책임성 있는 신유부흥 운동의 지도자들의 '돈에 대한 부적절한 강조'에 대한 관심들 때문에 이 책은 린지의 탐욕의 영에 대한 경고의 글을 기록하였습니다.

그러나 집회 때 경매하듯 하는 듯한 모금이 계속되면 이 부흥은 크게 퇴보할 수 있습니다. 재정을 함부로 다룸으로 자신들의 하나님의 왕국에서의 쓸모를 잃어버리는 근시안적인 사람들이 있습니다.

해럴은 앞서 언급했던 영국의 그리스도인 편집자였던 도널드 지의 글도 인용했는데, 그는 신유 운동이 사기 행각을 숨겨주고 착취를 조장했다고 믿게 되었습니다. 그는 "몇몇 후회스러운 경우에는 상업주의가 하나님의 신유의 역사를 오염시켰었다고 고백해야 한다"고 선언하였습니다.

자신이 쓴 '도피하는 길(The way to Escape)'에서 린지는 "순복음의 좋고 신실한 설교가 돈에 대한 비성경적인 간청으로 많은 사람을 넘어지게 하기까지 약화되었었다"고 말했습니다.

이 분들과 다른 그리스도인 지도자들의 경고는 오늘날도 모든 정직한 사역자들과 기독교 단체가 명심해야만 하는 것들입니다. 불행히도 사도들의 시대 이래 교회를 병들게 했던 돈에 관계된 반복적인 폐해와 잘못된 관행들이 오늘날도 여전히 널리 행해지고 있습니다. 어떤 사역자도 돈에 대한 유혹에서 자유롭지는 못합니다. 성경적인 기준과 우리들의 각자의 재정적인 성실성에 대한 원칙들을 타협할 기회들이 있는 곳에는 반드시 마귀가 나타날 것입니다.

우리가 재정적인 압박을 받고 있거나 은혜 받고 우러러 보는 군중들에게 쉽게 개인적인 '사랑의 헌금'을 낼 수 있도록 영향력을 행사할 수 있을 때, 우리는 우리가 부적절하게 후원을 추구하는 것에 대해 쉽게 합리화하거나 변명을 할 수 있습니다. 이런 종류의 유혹에 빠지게 되는 것이 가져오는 영적 위험은 엄청난 것입니다. 성경은 이런 경우에 적용할 수 있는 엄중한 경고를 하고 있습니다. "그런즉 선 줄로 생각하는 자는 넘어질까 조심하라"(고전 10:12).

오늘날 특히 은사적인 그룹에 속한 교회 안에서 행해지고 있는 관행이나 가르침 중에 다소 오해를 부르거나 문제가 될 만한 것이 있습니다. 대부분의 경우 이런 잘못은 성경의 한 구절이나 한 부분을 문맥과 관계없이 따로 해석하거나 너무 확대해서 적용을 하기 때문입니다. 때로는 구약의 구절을 신약에 적용하려는 과열된 시도도 있고, 기술적으로 절대로 적용되지 않는 것을 억지로 끼워맞추는 경우도 있습니다. 극단적인 해석이 결국 오용과 잘못된 관행을 만드는 것입니다. 미국은 물론 다른 나라들에서도 여러 곳에서 가르쳐지고 있는 구체적인 예를 들어보겠습니다. 이런 가르침을 주장하는 사람들이 악한 의도로 그렇게 한 것은 아니겠지만, 내가 보기에는 이런 가르침은 순진한 사람들에게 상처를 입히고 그들을 희생자가 되게 할 가능성이 있습니다.

재정적인 형통함이 영성의 표시인가?

재정적인 형통함이 영적인 것을 확실히 나타내는 표시라고 가르치는 사람도 있습니다. 이런 가르침은 성경을 통해 볼 때 하나님께서는 믿음과 거룩함을 물질적 축복으로 보상해주신다고 주장합니다. 즉 사람이 재정적인 부요함을 누리지 못하고 있으면 그의 삶에 무엇인가 영적인 문제가 있는것으로 다시 말해, 하나님께 많이 드리지 않으므로 생긴 결과라는 생각을 하도록 합니다.

예를 들면, 이들은 마태복음 6장 33절을 인용하면서 "당신이 '이 모든 것들'을 가지고 있지 못하다면 당신은 하나님의 나라를 먼저 구하지 않고 있기 때문입니다"라고 말합니다. 이것은 마치 질병이나 아픔을 치료받지 못한 사람에게 그 사람의 믿음이 부족한 것이 분명하다고 말하는 것과 똑같이 말씀을 잘못 사용하는 것입니다. 재정적인 횡재를 만나는 것은 하나님의 축복의 절대적인 지표가 아닙니다. 오히려 이런 것은 그 사람이 은행을 털었거나, 라스베가스에서 도박을 해서 '운이 좋은' 것을 나타내는 표시일 수 있습니다. 만일 부(富)만이 영적인 상태를 나타내는 것이라면 마약 중재자들과 조직 폭력배의 두목들이 영적인 거인들이 되겠지요.

성경은 물질적인 이익을 경건으로 생각하는 사람들을 '마음이 부패하여' 진리가 없고 다툼만 조장한다고 말하고 있습니다(딤전 6:5을 보십시오).

물질적인 부를 하나님의 축복과 연관시키고 있는 성경 구절들이 있지만 수많은 다른 구절들은 물질적 부와 영적 축복의 차이를 분명히 구별 짓고 있습니다. 잠언 10장 22절은 "여호와께서 주시는 복은 사람을 부하게 하고 근심을 겸하여 주지 아니하시느니라"라고 말하고 있습니다. 그러나 사도 야고보는 "낮은 형제는 자기의 높음을 자랑하고 부한 자는 자기의 낮아짐을 자랑할지니 이는 그가 풀의 꽃과 같이 지나감이라 … 내 사랑하는 형제들아 들을지어다 하나님이 세상에서 가난한 자를 택하사 믿음에 부요하게 하시고 또 자기를 사랑하는 자들에게 약속하신 나라를 상속으로 받게 하지 아니하셨느냐"(약 1:9,10, 2:5).

바울은 디모데에게 보낸 첫 번째 편지에서 몇 마디 조언을 하고 있습니다.

> "그러나 자족하는 마음이 있으면 경건은 큰 이익이 되느니라 우리가 세상에 아무것도 가지고 온 것이 없으매 또한 아무것도 가지고 가지 못하리니 우리가 먹을 것과 입을 것이 있은즉 족한 줄로 알 것이니라 부하려 하는 자들은 시험과 올무와 여러 가지 어리석고 해로운 욕심에 떨어지나니 곧 사람으로 파멸과 멸망에 빠지게 하는 것이라 네가 이 세대에 부한 자들을 명하여 마음을 높이지 말고 정함이 없는 재물에 소망을 두지 말고 오직 우리에게 모든 것을 후히 주사 누리게 하시는 하나님께 두며"(딤전 6:6−9, 17)

잠언의 몇 구절은 물질적 축복보다 더 유익하고 바람직한 다른 종류의 복이 있음을 나타내고 있습니다.

> "가산이 적어도 여호와를 경외하는 것이 크게 부하고 번뇌하는 것보다 나으니라"(잠 15:16)

"적은 소득이 공의를 겸하면 많은 소득이 불의를 겸한 것보다 나으니라"(잠 16:8)

"가난하여도 성실하게 행하는 자는 부유하면서 굽게 행하는 자보다 나으니라"(잠 28:6)

간단히 말하자면 물질적 축복은 하나님의 축복과 연결되어 있는 경우도 있지만, 전혀 하나님의 축복과 연결되어 있지 않은 경우도 있을 수 있다는 것입니다. 즉 재정적인 부요함이 어떤 사람의 영성을 재는 틀림없는 지표가 아닌 것은 두말할 나위도 없습니다.

더 받기 위해 주기

최근에 유행하는 가르침 중에 하나는 주는 것은 얻는 것과 기계적으로 연결되어 있다는 것입니다. 당신이 무언가 필요한 것이 있으면 무언가를 주십시오. 차가 필요하다면 차를 심으십시오. 양복이 필요하면 양복을 심으십시오.

이것은 기본적인 진리를 극단적으로 만드는 또 하나의 예입니다. 다른 성경의 진리를 받아들일 때와 마찬가지로 도로의 좌우 극단에 빠지는 도랑을 만드는 것입니다.

한쪽 도랑에는 하나님이 그들을 축복해 주기를 원하신다는 것을 모르는 사람들이 있습니다. 그들은 심고 거두는 원리를 자신의 삶에 실제적으로 전혀 적용할 줄 모릅니다. 그 결과 그런 사람들에게 주어지는 것은 전적으로 의무일 뿐입니다. 그들은 의무를 다하지만 믿음도 없고 하나님으로부터 받을 기대도 전혀 하지 않습니다. 그들은 하나님께서 그들을 향해 가지고 계신 축복 중에 많은 부분을 놓치고 있으며 이것은 불행한 일입니다.

반대편 도랑에는 주는 것으로 하나님을 조종하려고 하는 탐욕스런 사람들이 있습니다. 이런 사람들은 헌금함을 마치 하늘의 자동판매기로 여깁니다. 즉 헌금함에 네 헌금을 넣어라, 손잡이를 당겨라, 이제 네 축복을 돌려받아라! 물론 이것은 잘못된 동기로 드리는 것입니다. 이런 생각이 지나쳐서 어떤 사람들은 어리석은 짓을 하기도 합니다. 그들은 다른 차, 아마도 더 좋은 차를 갖고 싶은 소망으로 자신들의 차를 다른 사람에게 주어버립니다. 이런 사람들은 가끔 오랫동안 걸어다녀야만 하는 결과를 빚기도 합니다!

하나님께서 한 사람에게 그의 차를 다른 사람이나 사역을 위해 주라고 하실 경우가 있을 수 있다는 것을 나도 물론 확신합니다. 이런 경우에 이 사람이 그의 차를 사랑과 순종으로 주님께 드리듯이 준다면 하나님께서도 그를 축복하셔서 다른 차를 주시리라고 나도 믿습니다. 그렇지만 어떤 사람에게 개인적이며 구체적으로 하신 하나님의 지시는 온 교회가 무조건 따를 교리가 되어서는 안됩니다. 포드를 심으면 벤츠를 거둔다는 영적 공식은 존재하지 않습니다.

많은 설교자들이 어려운 가운데에서도 드린 대가로 부요

하게 된 사람의 예로 사렙다의 과부의 이야기를 사용해왔습니다.

열왕기상 17장에 의하면 그 땅에 기근이 있었고, 이 가난한 과부에게는 마침내 마지막 한 방울 기름과 한 줌의 밀가루만 남게 되었습니다. 그녀는 마지막 끼니를 준비하여 먹고 그 후에는 굶어 죽을 수 밖에 없는 상황이었습니다. 선지자 엘리야는 먼저 자신을 위해 빵을 구워 오고, 그리고 나서 그녀의 아들을 위해 요리를 해오라고 요청하였습니다. 엘리야는 그녀에게 주님께서 "나 여호와가 비를 지면에 내리는 날까지 그 통의 가루가 떨어지지 아니하고 그 병의 기름이 없어지지 아니하리라"고 말씀하셨다고 말했습니다(왕상 17:14를 보십시오).

그녀가 순종하여 엘리야에게 빵을 대접했을 때 하나님의 공급이 기적적으로 늘어나서 그녀는 양식이 넉넉하게 되었습니다.

예수님께서는 사역의 초기에 이 사건을 구체적으로 언급하셨습니다. "내가 참으로 너희에게 이르노니 엘리야 시대에 하늘이 세 해 여섯 달을 닫히어 온 땅에 큰 흉년이 들었을 때에 이스라엘에 많은 과부가 있었으되 엘리야가 그 중 한 사람에게도 보내심을 받지 않고 오직 시돈 땅에 있는 사렙다의 한 과부에게 뿐이었으며 또 선지자 엘리사 때에 이스라엘에 많은 문둥이가 있었으되 그 중에 한 사람도 깨끗함을 얻지 못하고 오직 수리아 사람 나아만뿐이니라"(눅 4:25-27).

성경은 하나님은 사람의 외모를 보지 아니하시는 분이라고 분명히 가르치고 있습니다(행 10:34). 그분의 사랑과 축복은 모든 사람들을 위한 것입니다. 그러나 각 사람이 똑같은 방법으로 하나님의 사랑과 축복을 체험하게 된다는 절대적인 영적 법칙은 없습니다.

나는 하나님의 능력으로 병고침을 받는 것이 모든 사람에게 해당된다고 믿습니다. 그러나 예수님께서는 누구나 다 문둥병자 나아만이 치료받은 방법으로 치료받지는 않을 것이라고 말씀하셨습니다. 나는 모든 사람이 형통하는 것(여기서는 재정적인 부요함을 누리는 것을 의미)이 하나님의 뜻이라고 믿지만 예수님께서 누구나 사렙다의 과부가 형통하게 된 것처럼 그렇게 부요하게 된다고 말씀하시는 않으셨습니다.

하나님께서는 모든 병든 자들에게 요단강에 일곱 번 몸을 담그라고 하시지 않으셨고, 모든 가난한 사람들에게 마지막 남은 음식을 엘리야에게 주라고 하시지 않으셨습니다. 하나님께서는 치유와 번영에 있어 한 가지로 모든 경우에 해당하는 원칙을 주시지는 않았습니다.

만일 주님께서 분명하고 강하게 당신의 코트를 누군가에게 주라고 말씀하시면 그렇게 하십시오. 그렇지만 하나님께 대한 순종과 사랑으로 주십시오. 이 경우 하나님께서는 당신이 셔츠만 입고 떨도록 내버려두지는 않을 것을 나는 믿습니다. 그러나 코트를 주는 당신의 동기를 확실히 해야 합니다. 다른 사람이 코트를 줘버리고 새 가죽 잠바를 받는 축복을 받았다는 간증을 들었기 때문에 당신도 그렇게 하지는 마십시오.

"나도 가죽 잠바를 원합니다. 그러므로 내 코트를 줘버리겠습니다."라고 말해서는 안됩니다.

결정적으로 우리의 동기가 중요한 것입니다. 우리가 우리의 행위에 대한 보상으로 아무것도 받지 못할지라도 하나님께 대한 순종으로 기꺼이 드릴 필요가 있습니다. 우리는 우리 심령을 탐욕으로부터 지키고 보호해야 합니다. 동시에 우리는 하나님께서 우리의 필요를 채우실 것을 기대하고 우리가 믿음을 갖기를 원하신다는 것도 알아야 합니다.

당신의 씨앗에 이름을 짓는 것

어떤 사역자들은 '당신의 씨앗에 이름을 짓는 것'에 관해 매우 강조를 합니다. 그들은 사람들에게 "당신이 헌금을 드릴 때는 이름을 지으십시오. 농부가 옥수수를 원하면 옥수수를 심듯이, 목화를 수확하려면 목화를 심듯이 말입니다. 그러므로 당신의 헌금을 씨앗으로 보고 당신이 받기 원하는 그것으로 이름을 지으십시오"라고 말해왔습니다.

'당신의 씨앗에 이름을 붙이는 것'이 반드시 성경적인지는 자신이 없습니다. 이런 행위를 구체적으로 지지하는 성경 구절을 찾지 못했습니다. 어떤 사람들에게 이것은 그들이 무엇을 위해 하나님을 믿는지 구체적으로 형상화하는 방법일 수도 있겠지요. 믿음이 구체적인 것은 좋은 것이지만 헌금의 특별한 결과를 구체적인 유익으로 한정하지 않는 것도 중요하다고 나는 믿습니다.

씨앗을 심는 것이 아니라, 단지 당신의 씨앗에 이름을 짓는 행위만을 언급하고 있는 것입니다. 성경은 우리가 심고 거두기를 바라며 물론 재정분야에서도 심는 것과 거두는 것이 적용됩니다.

성경은 하나님의 자녀들이 그의 말씀을 따라 살 때 복을 주실 것을 가르치고 있습니다(신 28장). 하나님께서 당신을 축복하시는 우선적인 방법은 심고 거두는 법칙을 통해서라고 나는 믿습니다. 다른 말로 하면, 만일 당신이 십일조와 헌금 드리기에만 신실하여도 하나님은 신실하시므로 "하늘 문을 열고 여러분에게 복을 쌓을 곳이 없도록 부어주실 것입니다" (말 3:10).

앞 장에서 언급한 것처럼 십일조는 당신 수입의 10%입니다. 헌금은 얼마든지 당신이 마음 속으로 드리기로 작정한 대로 또는 성령님께서 당신이 드리도록 인도한 만큼 십일조 이외에 드리는 것입니다. 십일조와 헌금은 하나님께서 그의 자녀들이 형통하도록 계획하신 우선적인 형태의 심고 거두는 법칙입니다.

그러나 나는 "이런 것을 수확하기 위해 나의 헌금을 지금 드립니다."라고 말하면서, '내 씨앗에 이름을 짓는 일'은 하지 않습니다. 나는 단지 하나님께서 나의 모든 필요를 공급해 주실 것을 믿습니다. 나는 주님이 나의 목자이므로 내게 부족함이 없으리라는 것을 믿습니다. 나는 내 주님을 사랑하기 때문에 드립니다.

'당신의 씨앗에 이름을 짓기'는 성경에 근거한 것이 아니기 때문에 나는 설교자들이 이것을 사람들이 드리도록 설득하기 위한 하나의 속임수로 사용하지 않도록 조심하라고 촉구하곤 했습니다.

한 동료 목사는 언젠가 "우리가 드린 결과로 무엇을 받는다는데 초점을 두면 우리는 드리는 것에 대한 태도 자체를 버리게 됩니다. 우리의 초점을 우리가 드림으로 무엇을 받는가에 두어서는 안됩니다. 우리의 초점은 주님이시며 구주되신 분에 대한 우리의 사랑의 표현으로 드리는 것이 주님을 기쁘시게 한다는 사실에 두어야 합니다."라고 말했습니다.

수년 동안 나는 전국을 다니며 교회나 강당에서 '모든 믿음의 집회(All Faiths' Crusades)'를 열어 왔습니다. 나는 집회 동안에 그 집회로부터 나온 헌금과 경비를 제외한 남은 돈을 레마 성경 훈련소의 사역을 위해 드렸습니다. 이 돈은 학교를 계속 유지하는데 도움이 되었는데 학생들로부터 받는 수업료는 실제 학교 운영비의 3분의 1정도밖에 되지 않았기 때문입니다. 그러나 「레마」를 위해 헌금을 걷는 것이 이 집회를 여는 나의 주목적은 아니었으며, 나의 최우선 관심도 아니었습니다. 물론 이 일은 후원할 만한 귀한 일이지만, 나는 학교를 위해 헌금을 걷기 위해서 나의 노력과 시간을 투자하지는 않습니다.

나는 우선순위를 따라 목적을 분명히 했습니다.
1. 사람들을 거듭나도록 한다.
2. 사람들이 성령 충만 받도록 한다.
3. 사람들이 치유 받도록 한다.
4. 이미 믿는 신자들을 믿음 안에 바로 세운다.
5. 레마 성경 훈련소를 재정적으로 돕는다.

나는 모든 성도들이 이와 비슷한 헌금의 우선순위를 가지고 있어야 한다고 생각합니다. 그 목록은 이런 모양을 갖출 수 있을 것입니다.
1. 하나님을 사랑하기 때문에
2. 하나님께 순종하기 원하기 때문에
3. 위대한 사명과 교회를 후원하기 원하기 때문에
4. 사람들이 축복 받는 것을 보기 원하기 때문에
5. 나 자신의 필요를 위해 씨앗을 심기 원하기 때문에

백 배의 수확

우리가 하나님의 일에 드린 것에 대해 하나님께서 100배로 보상해주신다는 생각이 매우 인기 있는 듯 합니다. 헌금시간이 되면 사역자들이 "넉넉한 마음으로 드려서 하나님께서 100배의 축복을 하실 것을 믿으십시오"라고 말하면서 사람들을 촉구하는 것이 거의 일반적인 일이 되었습니다.

이 개념의 기초는 마태, 마가, 누가복음에 있는 한 성경 구절인 것 같습니다.

> "베드로가 여짜와 이르되 보소서 우리가 모든 것을 버리고 주를 따랐나이다 예수께서 이르시되 내가 진실로 너희에게 이르노니 나와 복음을 위하여 집이나 형제나 자매나 어머니나 아버지나 자식이나 전토를 버린 자는 현세에 있어 집과 형제와 자매와 어머니와 자식과 전토를 백 배나 받되 박해를 겸하여 받고 내세에 영생을 받지 못할 자가 없느니라"(막 10:28-30)

이 구절에서 십일조나 헌금에 대한 말이 전혀 없음을 주의하십시오. 이 문맥은 하나님의 부르심을 따르기 위해 자기의 과거 소유와 가족과 삶의 방식을 떠나서 절대 헌신을 한 사람들을 말하고 있습니다(마 19:27-29, 눅 18:28-30 참조).

예수님은 베드로에게 이렇게 말씀하셨습니다. "예수께서 이르시되 내가 진실로 너희에게 이르노니 나와 복음을 위하여 집이나 형제나 자매나 어머니나 아버지나 자식이나 전토를 버린 자는 현세에 있어 집과 형제와 자매와 어머니와 자식과 전토를 백 배나 받되 박해를 겸하여 받고 내세에 영생을 받지 못할 자가 없느니라"(막 10:29-30).

예수님께서 의미하신 것은 무엇입니까? 문자 그대로 주님께서 각 사람에게 그들이 포기한 부동산의 100배의 부동산과 집에 둔 형제 한 사람 당 100명의 형제 자매와 아내와 자녀들을 의미하셨겠습니까? 제자들의 삶을 공부해보면 핍박을 받은 것 외에는 어떤 것도 그렇게 소유했다는 기록을 볼 수 없습니다. 예수님의 말씀이 진실로 이루어지지 않았단 말입니까? 주님이 과장을 하고 계시나요? 나는 그렇게 생각하지 않습니다. 주님께서 약속을 어기셨다고 불평하는 제자들에 대한 기록도 없습니다. 그 대신 그들은 주님에 대한 기록은 사실이라고 증언하고 있습니다!

백 배의 집과 가족을 받으리라고 하신 주님의 말씀은 무슨 의미일까요? 평생을 성경을 연구하고 예수님의 삶과 그 시대를 연구했던 나보다 더 지혜로운 사람들은 이렇게 해석을 했습니다.

가방에 옷 몇 벌만 겨우 가지고 온 세상에 여행을 다니는 선교사가 될 이 순회 복음전도자들에게 주님은 낯선 땅에서도 많은 집들이 필요하다면 백 집이라도 그들에게 문을 열어 줄 것을 약속하고 있는 것입니다. 그들이 하나님의 왕국의 복음을 전하고 영혼들을 그리스도께로 인도한다면, 그들은 셀 수도 없는 형제, 자매, 어머니, 아버지들, 즉 수많은 믿음의 가족들과 교제하게 되는 기쁨을 누리게 될 것을 약속하신 것입니다.

오늘날도 백 배의 수확이 가능합니까? 물론 그렇습니다. 그리스도와 복음을 위하여 자신들의 모든 것을 드리기 위해 모든 것을 떠난 사람들에게는 말입니다! 백 배의 수확이라는 것이 우리가 헌금을 드릴 때 계산기를 꺼내어 우리가 드린 헌금의 백 배의 수입이 들어올 것을 기대하는 것을 의미합니까? 다른 말로 하면, 우리가 하나님의 일에 1불을 드린다면 하나님께서 100불을 주실 것을 약속하셨다는 말입니까?

어떤 사람에게 일생동안 이런 일이 일곱 번만 일어난다고 가정을 해 봅시다. 부요함의 목적은 하나님의 일을 할 수 있도록 그 자원을 믿는 자들에게 공급하는 것이기 때문에 이 사람이 드린 1불에 대해 100배의 보상을 받는다고 가정을 하고, 그는 다시 받은 것을 하나님 나라에 전액을 드림으로 재투자 한다고 생각해 봅시다.

여기 백 배의 보상이 일곱 번 이루어질 경우의 시나리오가 있습니다.

$1 × 100배 보상 = $100
$100 × 100배 보상 = $10,000
$10,000 × 100배 보상 = $1,000,000
(백 배의 보상이 세 번만 이루어져도 1불을 드린 사람은 100만 불 재산가가 되어 있습니다!)
$1,000,000 × 100배 보상 = $100,000,000
(이것은 1억불입니다!)
$100,000,000 × 100배 보상 = $10,000,000,000
(100억불입니다!)
$10,000,000,000 × 100배 보상 = $1,000,000,000,000
(1조불입니다!)
$1,000,000,000,000 × 100배 보상 = $100,000,000,000,000
(100조불입니다!)

이 글을 쓰고 있는 지금 세계에서 가장 부자는 마이크로소프트사의 빌게이츠인데, 그의 순자산의 가치는 850억불 정도로 추정되고 있습니다. 100배의 보상이 이루어진 위에 언급한 사람의 경우는 빌게이츠보다도 1,176배나 더 많은 돈을 가지고 있는 것입니다!

드리는데 관대하고 하나님의 능력과 하나님은 그의 자녀들이 부요하게 되기를 원하신다는데 대해 강한 믿음을 가진 사람을 당신도 아마 알고 있을 것입니다. 이 사람이 수년간에 걸쳐서 천만 불 정도의 재산을 축적했다고 가정해봅시다. 대부분은 이 사람이 꽤 부요하다고 생각하고 재정적인 부요함을 실제로 경험했다고 할 것입니다. 그러나 이 부유한 그리스도인의 천만 불도 1불을 처음 드려서 100배의 보상을 받고 그것을 다시 투자하기를 일곱 번한 위에 묘사된 사람에 비하면 아무것도 아닙니다. 사실은 천만 불을 천만번 곱해야 100조 달러가 됩니다. 십일조와 헌금에 신실한 그리스도인이라면 몇 100불로 시작하지 1불로 시작하지는 않는다는 것도 생각해보십시오! 헌금하는 사람마다 100배의 보상이 문자 그대로 산술적으로 일어났다면 우리는 수천만, 수조 불을 가진 많은 그리스도인을 보게 될 것입니다!

하나님의 말씀을 올바로 해석하십시오

모든 필요를 공급하시는 하나님에 대한 믿음을 빼앗으려는 것은 아닙니다. 그러나 우리가 실제적으로 건전하게 가르치는 것은 중요합니다. 우리는 하나님의 말씀을 "바르게 나누고" 말씀을 해석하는데 있어서 진리를 조심스럽게 찾아야 합니다. 성경이 실제로 가르치고 있는 것에 더하거나 지나치게 강조를 하는 것은 유익보다는 해를 더 끼치게 됩니다. 지난 수년간 나는 성도들이 백 배의 보상과 같은 거짓되고 전혀 비현실적인 결론에 뛰어든 것을 많이 보았습니다. 그들은 놀랍고 비상한 대박을 꿈꾸다가 실망으로 끝날 뿐 아니라, 자기들이 꿈꾸던 대로 이루어지지 않을 때 환멸을 느끼게 됩니다.

처음 질문으로 돌아가서 신자가 십일조나 헌금을 드릴 때 그가 드린 각 달러에 대해 100배의 금전적 보상을 기대해야 합니까? 절대로 그렇지 않습니다!

그렇다면 왜 어떤 설교자들은 그렇게 가르칩니까? 글쎄요, 사역자들도 다른 사람과 마찬가지로 사람입니다. 우리는 때때로 실수를 합니다. 때때로 어떤 생각이나 아이디어가 떠오르면 사람들은 흥분하여 그것을 가지고 즉시 그 효과를 보려고 합니다. 이럴 때 성경을 찾아보고 그 생각을 자세히 조사해보는 시간을 드리지는 않고, 군중과 함께 지나가는 마차에 얼른 올라타고 보는 것은 쉽게 일어날 수 있는 일이지요.

몇 년 전에 나는 100배의 보상이란 생각으로 실수를 한 적이 있습니다. 나도 다른 사람들이 말하고 있는 것을 듣게 되었습니다. 헌금을 걷을 때면 나는 하나님께서 사람들이 드린 것에 100배로 보상해서 축복해주시기를 빌었습니다. 듣기는 좋은 말이지요. 사람들도 흥분하고 열정적인 반응을 보였습니다. 그러나 이런 축복을 할 때마다, 나는 막연하게나마 마음이 편치 않았습니다. 무언가 확실히 잘못된 것을 알았는데 정확히 무엇이 잘못되었는지는 몰랐습니다.

  어느 날 아침, 레마에서 가르치려고 일어났습니다. 침대 끝에 앉아 양말을 신고 있었습니다. 한 쪽을 신고 다른 쪽을 신으려는데 주님께서 말씀하셨습니다.

  "아무도 그들이 드린 것에 대해 100배를 받은 사람이 없단다."

  이 말씀을 듣고 나는 너무 놀라서 한 쪽 양말만 신은 상태에서 움직일 수가 없었습니다. 나는 '내가 바로 들었는가?' 의심했습니다. 나는 그전에도 주님의 음성을 알고 있었고 주님의 음성을 여러 번 들었었기 때문에 주님의 음성을 안다고 믿었습니다.

  "주님, 그런데요. 예수님은 씨 뿌리는 사람이 나가서 뿌린 씨에 관해 말씀하셨습니다. 모든 씨앗이 좋은 결과를 가져오는 것은 아니고, 몇몇만 100배, 60배, 30배로 생산을 한다고 하셨습니다." 내가 말했습니다.

  주님은 내가 언급하고 있는 이 비유는 돈에 대해 말하고 있는 것이 아니라는 것을 지적해 주셨습니다. 씨앗은 말씀입니다. 돌이 있고 가시넝쿨이 무성한 땅은 전혀 수확이 없었습니다. 말씀을 듣고도 반응이 없는 사람들이지요. 그러나 좋은 땅에도 수확량은 각각 달랐습니다.

어떤 그리스도인은 자라지 않고 별로 발전하지 않기 때문에 30배쯤 되고, 다른 사람들은 더 많이 생산하기도 합니다. 또 어떤 이들은 헌신되고 믿음이 충만하고 위대한 생산적인 그리스도인이 되어 100배의 사람이 됩니다. 다른 말로 하면, 그들은 들은 말씀으로부터 최대의 유익을 향유하게 된다는 것입니다. 또 백 배의 축복에 대한 구절도 돈을 주는 것을 말하고 있는 것이 아닙니다. 마가복음 10장 28절부터 30절은 그리스도인의 섬김에 관해 말하고 있습니다. 예수님께서 십일조와 헌금을 몇 배로 늘려 갚아주시는 것을 말하고 있지 않습니다. 어떤 사람이 얼마를 드렸다가 몇 배로 심지어 백 배로 더 많이 돌려받는 경우도 있을 수 있다는 것을 나도 믿습니다만 그가 주께 드리는 모든 돈에 대해 그런 일은 없을 것입니다!

내게 주신 하나님의 말씀은 아무도 그가 드린 헌금에 대해 꼭 100배로 돌려받은 사람은 없다는 것입니다. 당신은 그렇게 받았습니까?

작년에 당신의 십일조와 헌금이 $5,000이었다면 올해는 $500,000을 돌려 받았습니까? 총 $20,000을 드렸었다면 $2,000,000을 받았습니까? 그렇게 받게 되기를 기대하십니까?

이제 여러분도 내가 하려는 말의 의도를 알았으리라고 생각합니다. 나도 그렇게 생각하기 때문에 사람들에게 더 이상 그들의 헌금에 대해 100배를 보상받는 것을 말하지 않습니다. 나는 단지 하나님의 말씀이 말하고 있는 데까지 따라갈 뿐입니다. "주라 그리하면 너희에게 줄 것이니 곧 후히 되어 누르고 흔들어 넘치도록 하여 너희에게 안겨 주리라 너희의 헤아리는 그 헤아림으로 너희도 헤아림을 도로 받을 것이니라"(눅 6:38). 나는 항상 '넘치도록'이라고 한 복을 주장합니다.

'빚의 멍에를 깨뜨리거나 돈을 몇 배가 되게 하는' 기름부음

가끔 사람들은 스스로 자기가 그렇다고 하거나 다른 사람이 그렇다고 인정하는 사람들의 삶 가운데 있는 '빚의 멍에를 깨뜨리거나 돈을 몇 배로 배가' 할 수 있는 특별한 기름부음이 있다는 설교자들에 관해 질문을 하곤 했습니다. 대부분의 이런 경우에는 이 특별한 기름부음이나 능력이 오직 이 사역자나 그가 대표하는 기관에 헌금을 드림으로 역사한다고 합니다. 이런 일들을 인정하는 어떤 성경말씀도 내가 알기에는 없습니다.

그 설교자의 돈을 더 걷기 위한 단순한 술수일까 염려가 될 뿐 아니라, 이런데 관계되는 사람들이 결국은 모두 위험하고 파괴적이 되어버릴 수 있음이 염려됩니다.

우리는 어떤 사역자를 사람의 위치 이상 높이 떠받드는 것을 특별히 조심할 필요가 있습니다. 우리의 초점은 사람이 아니라 하나님이어야만 합니다. 물론 돈은 생산적인 사역에 심겨질 때 하나님의 나라를 위해 더 크게 쓰일 수 있습니다.

사역자들 중에는 사람들에게 확신을 주고 동기를 부여하는 데 재능이 있고 기술도 있는 사람들이 있습니다. 그러나 그리스도인들은 하나님의 복음을 전파하는 것이나 하나님의 사업을 하는 일을 돕는데 드려야지, '매우 기름부음이 넘치는 사역자'가 그 돈을 몇 배로 늘려서 돌려주는 복을 기대함으로 드려서는 안됩니다.

나는 바울과 바나바를 생각합니다. 그들이 루스드라 시에서 사역을 할 때 평생 앉은뱅이로 살던 사람이 일어나서 뛰기도 하고 걷기도 했습니다. 그 도시 사람들이 이 일을 보고 바나바를 주피터, 바울을 머큐리우스라고 불렀습니다. 성경은 그 도시의 제사장들이 황소와 꽃다발을 그들에게 제물로 드리려고 가지고 왔다고 말하고 있습니다(행 14:8-18을 보십시오). 바울과 바나바는 자기들에게 예배하지 못하도록 사람들을 피하여 도망하였고, 자신들은 단지 살아 계신 하나님을 섬기는 사람들일 뿐임을 증거했습니다.

인간의 본성은 어떤 사람을 하나님 같은 위치에 올려놓고 싶어하는 것 같습니다.

그리스도인들은 루스드라 지역에 기원전 8세기에 살았던 마이더스라 불리는 왕에 대한 신화를 가지고 있습니다. 당신은 아마도 손대는 것마다 금으로 변해버리는 황금촉수를 가진 왕의 이야기를 기억하고 있을 것입니다.

루스드라 사람들이 쥬피터와 머큐리우스가 우리 가운데 내려오지 않았나 물었듯이, 오늘날도 어떤 사람은 "마이더스가 우리 가운데 있지 않은가?"라고 묻고 있습니다. 불행하게도 너무나 많은 사람들이 마이더스 터치를 가진 설교자의 손에 돈을 놓기만 하면 마술적으로 그들의 재정을 몇 배로 늘려 증가시킨다는 것을 믿을 준비를 하고 있습니다.

이런 것은 즉시 나쁜 동기와 탐욕으로 전락해 버립니다. 어떤 사람들은 하나님의 일을 축복하는 것이 아닌 자신들의 이기적인 목적과 물질적인 이익을 탐하는 마음으로 유혹을 받을 수도 있습니다. 빚에 눌려 있다고 느끼는 사람은 그가 가진 것의 대부분이나 전부를 절박함에서 사역자에게 줄지도 모릅니다. 그는 소망이 없는 가운데 그 사역자가 기적적인 보상을 받도록 도와주어 그 돈으로 그의 모든 빚을 청산하고 새롭게 출발을 할 수 있으리라는 소망을 갖습니다.

신용카드 회사에 큰 빚을 지고 있거나, 병원의 큰 치료비를 물어야 하는 사람들이 '초자연적인 빚 청산'을 기대할 것을 종용받은 경우에 관해 종종 들었습니다. 그런데 컴퓨터의 에러나 사람들의 실수로 말미암아 그들은 더 이상 빚진 것이 없다거나 아주 조금밖에 남지 않았다는 통보를 받기도 합니다. 어떤 경우에는 은행의 구좌에 잘못 기록이 되어서 그들의 빚을 다 갚고 남을 만큼 큰 액수가 있게 되기도 합니다. 이런 사건들에는 아무 '초자연적인 것'도 없습니다. 사람들을 이용하려고 하는 것은 오직 더 많은 문제만 생기게 할 뿐입니다. 자기에게 속하지 않은 돈이 실수로 다른 그리스도인의 구좌에 들어갔다면 그에게는 분명히 이 일을 밝혀야 할 도덕적, 윤리적, 성경적 의무가 있는 것입니다.

아브라함 링컨의 청년시절, 한 가게의 점원으로 일할 때의 이야기라고 합니다. 한 여자가 와서 몇 가지를 구매했습니다. 링컨이 금액을 더해보니 2불 31센트가 되었습니다. 그녀는 돈을 지불하고 떠났습니다. 나중에 링컨은 자신의 계산을 점검해보았습니다. 링컨은 그녀가 냈어야 하는 돈의 액수가 2불이었다는 것을 발견했습니다. 그날 밤 가게 문을 닫고 링컨은 2~3마일을 걸어서 그녀의 집에 가서 25센트 동전과 6센트를 돌려주었습니다.

성경은 "네 형제의 우양의 길 잃은 것을 보거든 못 본 체하지 말고 너는 반드시 끌어다가 네 형제에게 돌릴 것이요 네 형제가 네게서 멀거나 네가 혹 그를 알지 못하거든 그 짐승을 네 집으로 끌고 와서 네 형제가 찾기까지 네게 두었다가 그에게 돌릴지니 나귀라도 그리하고 의복이라도 그리하고 무릇 형제의 잃은 아무것이든지 네가 얻거든 다 그리하고 못 본 체하지 말 것이며"(신 22:1-3)라고 말하고 있습니다.

대부분의 경우, 빚이 하룻밤 만에 혹은 순간에 청산되지는 않습니다. 하나님께서 큰 돈 덩어리를 품에 떨구어 주는 기적적인 '해결책' 은 아무도 경험하지 않습니다.

대개 수개월 아니면 수년 동안 열심히 일하는 것과 돈을 잘 관리하는 것과 지혜와 자신의 수입으로 사는 법과 믿음을 통하여 오는 하나님의 축복이 있어야 하는 것입니다.

"빚의 멍에를 깨뜨리거나 돈을 몇 배가 되게 하는 기름부음이 있다"고 주장하는 사역자들은 더 깊은 잘못으로 빠져 들어갈 위험에 처해있는 것입니다. 온전한 복음의 균형잡힌 메시지를 전하고 그의 삶에 대한 하나님의 부르심을 성취하는 대신 그는 오직 돈과 재정적 유익만을 다루는 아주 좁은 데만 초점을 맞춘 '전문가'가 될지도 모릅니다. 마침내 그는 다른 사역 단체로부터 기부금을 얻어내기 위해(한 건 올려주는 일) 고용된 '용병' 같이 되어 기부금을 걷는 기술자로 발전되어 버릴 수도 있습니다. 사람들을 축복하고, 지역교회를 강건하게 하고, 그리스도의 뜻을 이루기 위해 살지 않는 그런 설교자는 크나큰 위험이 따르며 오직 자신과 자신의 목적을 위해 초점을 맞추고 크나큰 유혹에 직면하게 됩니다. 그러다가 보면 언젠가는 그의 본래의 부르심과 사명은 한편으로 물러나 있게 되는 것입니다.

사도 바울은 "내가 내 몸을 쳐 복종하게 함은 내가 남에게 전파한 후에 자기가 도리어 버림을 당할까 두려워함이로라"(고전 9:27)라고 말했습니다. 이것은 돈 때문에 치르기엔 너무나 값비싼 대가입니다.

가난한 자에게 주는 것은 좋은 투자인가?

가난한 자에게 주거나 지역교회의 가난한 자를 위한 사역에 드리는 것보다는 자기들에게 개인적으로 주는 것이 헌금하는 사람에게 더 큰 복이 될 것이라고 가르치거나, 그런 인상을 조금이라도 주는 사역자들이 있다는 것을 들으면 나의 영은 슬퍼집니다. 이 사람들은 자기가 예수님같이 '특별한 기름부음', 즉 돈을 몇 배로 불려서 기부자에게 돌려주고 큰 복을 나눠주는 마이더스 촉수를 가졌다고 암시합니다.

이런 유의 사역자들 중에 어떤 이들은 잠언 19장 17절을 인용하여서 가난한 자에게 주는 것은 큰 복이 없다고 실제로 주장하기도 합니다. "가난한 자를 불쌍히 여기는 것은 여호와께 꾸어 드리는 것이니 그의 선행을 그에게 갚아 주시리라."

그들은 "그것은 좋은 투자가 아닙니다"라거나, "가난한 사람에게 5불을 주면 하나님께 빌려주는 것이기 때문에 하나님께서 당신에게 5불을 갚아주실 것입니다. 당신은 하나님께 빌려준 것 그것만을 받을 것입니다. 그러나 당신이 '더 높은 기름부음'을 가진 사역에 5불을 투자한다면 당신은 몇 배로 늘어난 보상을 기대할 수 있습니다."라고 말합니다. 그리고 그들은 "여러분도 아시다시피 예수님께서도 가난한 자들은 너희와 항상 있을 것이다…라고 말했습니다."(요 12:8)라고 하면서 가난한 사람들은 소액의 돈도 줄 가치가 없는 사람들이라는 암시를 줍니다. 이런 가르침은 완전히 잘못된 것이며 아주 비성경적입니다. 이런 말은 잠언 19장 7절과 요한복음 12장 8절을 아주 잘못 해석한 것입니다. 하나님께 돈을 빌려주는 것이 단지 가난한 자에게 1불을 빌려줌으로써 1불만을 돌려받게 되는 것이라는 생각은 성경의 다른 예와 일치하지 않습니다.

요한복음 5장은 예수님께서 어떻게 베드로의 배를 '빌렸었는지'를 말하고 있습니다. 예수님은 배에 오르시자, '그 어부'에게 배를 해안에서 좀 떨어지도록 이동시켜 달라고 했습니다. 주님은 주변에 밀려드는 군중을 가르칠 강단을 마련하기 원하셨습니다. 그리고 나서 예수님은 베드로의 배를 빌린 것을 갚아주셨습니다.

> "말씀을 마치시고 시몬에게 이르시되 깊은 데로 가서 그물을 내려 고기를 잡으라 시몬이 대답하여 이르되 선생님 우리들이 밤이 새도록 수고하였으되 잡은 것이 없지마는 말씀에 의지하여 내가 그물을 내리리이다 하고 그렇게 하니 고기를 잡은 것이 심히 많아 그물이 찢어지는지라 이에 다른 배에 있는 동무들에게 손짓하여 와서 도와 달라 하니 그들이 와서 두 배에 채우매 잠기게 되었더라"
> (눅 5:4-7)

한 시간 가량 베드로의 고기잡이배를 사용한 값이 얼마나 되었습니까? 두 배로 가득 차서 넘칠 만큼 이었습니다! 말할 것도 없이 예수님은 원금에 이자까지 두둑이 지불하신 셈입니다! 예수님은 인색한 구두쇠가 아니셨습니다.

요한복음의 바로 다음 장에서는 5,000명을 먹이신 것에 대한 기록을 발견하게 됩니다. 당신도 알다시피 이 이야기는 이렇습니다.

한 소년이 그의 점심인 다섯 개의 보리빵과 두 마리의 생선을 예수님께 드렸더니, 주님은 그것을 몇 배로 늘려서 수많은 배고픈 사람들을 먹이셨습니다. 심지어 모든 사람이 다 먹은 후에도 남은 것을 모으니 열두 바구니가 가득 찼었습니다!(요 6:8-12을 보십시오.) 예수님께서는 그 열두 바구니의 빵과 생선을 자기 점심을 가난한 사람에게 줌으로 하나님께 '꿔주었던' 그 소년에게 주었으리라고 나는 생각합니다. 몇 사람이 그 모든 음식을 그 소년이 집으로 가지고 돌아갈 수 있도록 도와 주었어야만 했을 것입니다. 소년은 그가 빌려준 것에 대해 엄청난 이자와 함께 돌려받았습니다.

보다시피 사람들은 흔히 어떤 주제에 관하여 단 한 성경 구절을 인용하고는 다른 많은 성경 구절들은 무시해버립니다. 성경의 한 구절 위에 한 교리를 세울 수는 없습니다. 성경은 "내가 이제 세 번째 너희에게 갈 터이니 두 세 증인의 입으로 말마다 확정하리라"(고후 13:1)고 말하고 있습니다. 성경은 가난한 사람들을 섬기며 돕는 것에 관해 많이 말하고 있습니다. 몇 몇 사역자들이 오용하고 있는 구절부터 시작해 봅시다.

요한복음 12장 8절에서 예수님은 "가난한 자들은 항상 너희와 함께 있거니와"라고 말씀하고 계십니다. 예수님께서 실제로 의미한 것은 구약성경에서 인용하고 있는 "땅에는 언제든지 가난한 자가 그치지 아니하겠으므로 내가 네게 명령하여 이르노니 너는 반드시 네 땅 안에 네 형제 중 곤란한 자와 궁핍한 자에게 네 손을 펼지니라"(신 15:11)를 열어 보여주고 있는 것입니다. 그러므로 예수님께서 실제로 말씀하고 계신 것의 요점은 이렇습니다.

"너희들이 도와줄 가난한 사람들은 항상 있을 것이므로 너희는 도울 수 있는 한 그들은 도와주어야 한다. 너희들이 가난한 사람들을 도와줄 기회는 항상 있겠지만, 나는 여기 얼마 있지 않을 것이다."

첫 열매

오래 전에 구약성경 레위기의 율법에 나와 있는 첫 열매에 대한 가르침이 있었습니다. 이 가르침은 첫 열매는 본인이 직접 제사장들에게 가져와야 한다는 사실에 초점을 두고 있습니다. 이 구약의 제사장들은 기름부음을 받았기 때문에 오늘날의 오중 사역자들(사도, 선지자, 복음전하는 자, 목사와 교사)을 나타냈습니다. 그러나 우리가 오중 사역자들을 제사장으로 여기기 시작하면 심각한 문제가 생깁니다. 이 장 앞부분에서 언급한 것처럼 우리는 옛 언약 아래에서 그들이 했던 똑같은 방법으로 십일조나 헌금을 드리지 않는 것을 기억하십시오. 레위 족속의 율법 아래서는 사람들이 그들의 첫 열매를 제사장들에게 가져왔습니다. 그러나 새 언약 아래서 우리에게는 한 분 대제사장 주 예수 그리스도만 계십니다. 어떤 이들은 "그러면 오중 사역자들은 무엇입니까? 그들은 제사장들이 아닙니까? 오중 사역을 하고 있는 사람들이 하나님을 대표하고 있는 것이 아닙니까?"라고 묻습니다.

그들은 제사장들이 아닙니다. 그들은 하나님께 당신을 대표하지 않습니다. 그들은 당신에게 하나님을 대표하는 것입니다! 하나님의 말씀은 우리 믿는 자들이 하나님께 대하여 왕과 제사장이 되었다고 말하고 있습니다(계 1:6).

히브리서는 예수님께서 어떻게 우리의 대제사장이 되셨는지 계시해주고 있습니다.

"레위 계통의 제사 직분으로 말미암아 온전함을 얻을 수 있었으면 (백성이 그 아래서 율법을 받았으니) 어찌하여 아론의 반차를 좇지 않고 멜기세덱의 반차를 좇는 별다른 한 제사장을 세울 필요가 있느뇨 제사 직분이 변역한즉 율법도 반드시 변역하리니 이것은 한 사람도 제단 일을 받들지 않는 다른 지파에 속한 자를 가리켜 말한 것이라 우리 주께서 유다로 좇아 나신 것이 분명하도다 이 지파에는 모세가 제사장들에 관하여 말한 것이 하나도 없고 멜기세덱과 같은 별다른 한 제사장이 일어난 것을 보니 더욱 분명하도다 그는 육체에 상관된 계명의 법을 좇지 아니하고 오직 무궁한 생명의 능력을 좇아 된 것이니 증거하기를 네가 영원히 멜기세덱의 반차를 좇는 제사장이라 하였도다 전에 있던 계명은 연약하고 무익하므로 폐하고(율법은 아무것도 온전하게 못할지라) 이에 더 좋은 소망이 생기니 이것으로 우리가 하나님께 가까이 가느니라"(히 7:11-19)

옛 언약 아래서 사람들은 오직 제사장을 통해서만 하나님께 나아갈 수 있었습니다. 그러나 우리는 오늘날 누구도 거칠 필요가 없습니다. 우리는 예수님 외에는 누구도 거칠 필요가 없습니다.

나는 1937년에 오순절로 들어왔습니다. 그 후 1940년에 첫 열매와 십일조와 헌물에 대한 큰 논쟁이 일어났습니다. 사람들은 모든 돈은 담임목사에게 속한 것이라고 믿었습니다. 그러나 우리들 중에 몇몇 사람들이 마침내 상식을 사용하여서 잘못을 바로 잡았습니다. 하나님께서 우리를 축복하셨습니다. 그러나 어떤 사람들은 실제로 목사가 돈을 받아서 모든 돈을 관리해야 한다는 생각을 하고 있었습니다.

사실 내가 처음으로 오순절 교회들을 목양하기 시작했을 때 나는 교회의 모든 돈을 다루었습니다. 그러나 이렇게 하면 곧 문제에 봉착하게 됩니다. 목회자는 돕는 사람들이 필요합니다. 그렇게 해야만 누가 보아도 아무 의심 없이 깨끗할 수 있습니다(롬 12:7). 내가 목사로 섬기던 한 교회에서 우리는 선교를 위한 재정과 건축을 위한 재정, 병든 자들에게 꽃을 사는 재정 등을 따로 구별해 놓았습니다.

내가 섬기다 떠난 교회를 섬기던 한 목사님이 있었습니다. 내가 만일 그 교회가 그를 목사로 초빙할 것을 고려하고 있다는 것을 알았더라면 나는 그들에게 그렇게 하지 말라고 말렸을 것입니다. 그는 좋은 경력을 가지고 있지 못했습니다. 결국 그 목사는 그들이 가진 마지막 10센트까지 도둑질했습니다. 그들은 그를 횡령죄로 구속할 수도 있었지만 한 집사는 "우리는 이 사건을 신문에서 읽고 싶지 않을 뿐입니다."라고 말했습니다. 그래서 그들은 그를 떠나보내고 결국 그 교회는 정상을 회복하게 되었습니다.

어떤 사람들은 정직하고 진지하지만 어떤 사람들은 더 많은 돈에만 관심이 있습니다. 그들은 하나님을 믿는 충분한 믿음이 없고 어떤 제도든지 자기들이 스스로 만들어 내려고 애를 씁니다.

그들은 모든 돈이 자기들에게 속하기를 원합니다. 많은 사람들은 모든 십일조가 담임목사에게 속한 것이라고 믿고 있습니다. 내가 마지막으로 목회했던 교회에서도 그렇게 생각했습니다. 그들은 주일 아침과 저녁 헌금도 나를 위한 것이 되기를 바란다고 말했습니다.

나는 "나는 잘 살고 있으니 주일 저녁 헌금은 교회 재정에 넣어 교회에서 필요한데 씁시다."라고 말했습니다. 집사회에서는 "우리는 목사님이 주일 저녁 헌금도 갖기를 원합니다."라고 말했습니다. "아닙니다. 나는 그 돈이 필요 없습니다. 나는 주일 아침 십일조의 헌금만 받겠습니다. 그리고 주일 저녁 헌금은 건물에 들 돈이 필요하므로 교회 일반 재정으로 넣을 것입니다."라고 내가 말했습니다. 이런 이야기는 오늘날 대부분의 사람들에게는 낯선 이야기일 것입니다.

1940년대의 교회는 대개 아주 작았습니다. 그 당시에는 주일 아침의 십일조와 헌금은 모두 담임목사에게 주는 것이 일반적인 관행이었습니다. 주일 저녁 헌금을 교회 재정에 넣게 되므로 말미암아 우리는 그 돈으로 예배당 전면을 리모델링 할 수 있었고 주일학교 교실을 몇 개 추가할 수 있었고 청소년 홀도 고칠 수 있었습니다.

모든 헌금이 목회자에게 속한 것은 아닙니다. 어떤 한 쪽으로 치우쳐 도랑에 빠지기는 이렇게 쉬운 것입니다. 우리는 모두 도로의 가운데에 있어야 합니다. 구약의 기술적인 것들을 신약에 적용하면 성경 해석의 모든 원칙을 범하게 됩니다. 특히 어떤 사역자도 '첫 열매'란 단어를 신약성경의 문맥에서 사용하여 설교한 적이 없습니다. 헌금과 관련하여서 신약성경에서 첫열매란 개념은 사용되지 않았습니다. 돈과 관련되거나 사역자를 후원하는데 있어서 신약성경은 희미한 암시마저도 하고 있는 곳이 없습니다. 신약성경에서 '첫 열매'는 무엇보다도 예수 그리스도를 언급하는 말입니다. 예수님은 죽음에서 부활하신 첫 번째 사람, 첫 열매로서 그 뒤를 따를 모든 사람들을 나타내고 있습니다.

다른 신약에서 첫 열매를 사용한 예는 믿는 자들의 삶 가운데 '성령의 첫 열매'를 말할 때입니다. 다른 말로 하면, '첫 열매'는 우리 안에 그분의 내주하시는 첫 증거로서 믿는 자들의 삶 가운데 성령의 처음 역사를 일컫는 말입니다. 나중에 우리가 갖게 될 영광스러운 몸과 비교하여서 지금 우리 안에 있는 그분의 임재의 표시를 일컫는 것입니다.

또 다른 '첫 열매'가 사용된 예는 전적으로 비유적인 경우입니다. 여기서는 어떤 지역에서 처음 거듭난 개인을 말하는 경우입니다. 그리스도의 몸에 상처를 입혔던 문제들과 오해를 이끌었던 많은 가르침을 점검해 보았으니 이제는 부요케 되는 성경의 길을 찾아봅시다.

성경적 모형인 받는 것과 주는 것
(The Biblical Pattern - Receive and Give)

구약성경에서 가장 흥미있는 글 중에 하나는 바빌론에 포로로 잡혀갔던 이스라엘 사람들이 고향인 예루살렘으로 돌아올 수 있도록 어떻게 허락받았는지 묘사하고 있는 부분입니다.

그들은 성벽안쪽에 함께 모였고 제사장 에스라는 모세의 율법을 그들에게 읽어 주었습니다. 레위족들은 그것을 그들에게 설명하고 있습니다. 느헤미야 8장의 기록을 읽어봅시다.

> "하나님의 율법책을 낭독하고 그 뜻을 해석하여 백성에게 그 낭독하는 것을 다 깨닫게 하니 …… 느헤미야가 또 그들에게 이르기를 너희는 가서 살진 것을 먹고 단 것을 마시되 준비하지 못한 자에게는 나누어 주라 이 날은 우리 주의 성일이니 근심하지 말라 여호와로 인하여 기뻐하는 것이 너희의 힘이니라 하고 …… 모든 백성이 곧 가서 먹고 마시며 나누어 주고 크게 즐거워하니 이는 그들이 그 읽어준 말을 밝히 앎이라"(느 8:8, 10, 12)

어떤 일이 일어났는지 보십시오. 하나님의 말씀을 들은 후에 느헤미야는 그들에게 기쁨으로 축하하라고 말했습니다. 그들은 먹고 마시며 아무것도 가진 것이 없는 사람들과 가진 것을 나누었습니다.

신약에서 예수님은 제자들에게 말씀하셨습니다. "거저 받았으니 거저 주어라"(마 10:8). 이것이 성경적인 방법입니다. 이것이 바로 기독교의 전부입니다. 당신이 받았으니 당신이 주는 것입니다. 가난한 자에게 주는 것을 언급한 다른 성경 구절을 살펴봅시다.

> "내가 기뻐하는 금식은 흉악의 결박을 풀어 주며 멍에의 줄을 끌러 주며 압제 당하는 자를 자유하게 하며 모든 멍에를 꺾는 것이 아니겠느냐 또 주린 자에게 네 양식을 나누어 주며 유리하는 빈민을 집

에 들이며 헐벗은 자를 보면 입히며 또 네 골육을 피하여 스스로 숨지 아니하는 것이 아니겠느냐 그리하면 네 빛이 새벽 같이 비칠 것이며 네 치유가 급속할 것이며 네 공의가 네 앞에 행하고 여호와의 영광이 네 뒤에 호위하리니"(사 58:6-8)

가난한 자에게 주는 것에 대한 보상을 말한 이 말씀을 통해 당신은 어떤 인상을 받습니까? 준 사람이 그가 준 것만 돌려받습니까? 아니면 넉넉한 보상을 받습니까? 앞에서 언급했듯이 어떤 설교자들이 주장하는 것들 중의 하나는 그들이 예수님을 대표하는 자들이고 같은 기름부음을 받았기 때문에 당신이 드린 것에 대해 더 큰 보상을 받기 위해서는 그들에게 개인적으로 드려야 한다는 것입니다.

이런 가르침이 신약성경에서 성령의 감동으로 가르치고 있는 예수님과 바울이 말하고 있는 것과 일치합니까? 일치하지 않습니까?

가난한 자에게 주는 것에 관해
예수님께서 하신 말씀

돈에 관계된 교리 중에 어떤 것은 오직 기름부음이 대단한 사역자들만 주님을 대표한다는 인상을 주고 있습니다. 누가 주님을 대표하는지 마태복음을 읽어봅시다.

"그 때에 임금이 그 오른편에 있는 자들에게 이르시되 내 아버지께 복 받을 자들이여 나아와 창세로부터 너희를 위하여 예비된 나라를 상속받으라 내가 주릴 때에 너희가 먹을 것을 주었고 목마를 때에 마시게 하였고 나그네 되었을 때에 영접하였고 헐벗었을 때에 옷을 입혔고 병들었을 때에 돌보았고 옥에 갇혔을 때에 와서 보았느니라 이에 의인들이 대답하여 이르되 주여 우리가 어느 때에 주께서 주리신 것을 보고 음식을 대접하였으며 목마르신 것을 보고 마시게 하였나이까 어느 때에 나그네 되신 것을 보고 영접하였으며 헐벗으신 것을 보고 옷 입혔나이까 어느 때에 병드신 것이나 옥에 갇히신 것을 보고 가서 뵈었나이까 하리니 임금이 대답하여 이르시되 내가 진실로 너희에게 이르노니 너희가 여기 내 형제 중에 지극히 작은 자 하나에게 한 것이 곧 내게 한 것이니라 하시고"(마 25:34-40)

여기에서 예수님은 가난한 사람들이 예수님을 대표함을 말씀하셨습니다. 다소의 사울이 교회를 핍박할 때 예수님이 그에게 나타나셔서 말씀하셨습니다. "사울아, 사울아, 왜 네가 나를 핍박하느냐?"(행 9:4)

이 경우에 예수님은 교회를 핍박하는 것이 바로 예수님께 하는 것이라고 말씀하셨습니다. 예수님은 가난한 그리스도인이 그리스도의 몸 전체를 오중 사역으로 섬기는 사역자들과 똑같이 예수님을 대표하고 있음을 확실하게 천명하셨습니다!

고린도전서 10장 31절에서도 사도 바울은 "그런즉 너희가 먹든지 마시든지 무엇을 하든지 다 하나님의 영광을 위하여 하라"고 했습니다.

그러므로 당신이 가난한 자에게 줄 때에도 주님께 드리듯이 하십시오. 당신의 십일조와 헌금을 당신의 교회에 드릴 때도 주님께 드리듯이 하십시오. 하나님께서 그것을 축복해 주실 것입니다. 당신이 개인적으로 사역자에게나 다른 곳에 헌금을 드릴 때에도 주님께 드리듯이 하십시오. 하나님께서 그것을 축복해 주실 것입니다. 그리스도의 몸에 생산적이고 효과적으로 드리기 위해서 반드시 감정을 북돋워서 소름이 끼치게 하는 헌금 독려에 감격하여 드릴 필요가 없다는 것을 깨달으십시오!

바울은 우리가 심령(heart)에 뜻한 대로 드리라고 가르쳤습니다. 특별히 어떤 개인이나 목적을 위해서 하나님의 영으로 인도받아 드릴 경우도 물론 있습니다. 이 경우에 우리는 하나님의 영에 순종해야 합니다. 그러나 대부분의 경우 우리는 드리는데 있어서도 계획적이어야 합니다. 우리는 우리의 십일조를 가지고 우리가 다니는 지역교회를 후원해야 합니다. 우리는 좋은 결과를 나타내고 있는 사역을 찾아 그런 사역에도 신실하게 심도록 뜻을 정해야 합니다. 어떤 경우에는 드리는 자에게 유익이 될 수 있고, 어떤 경우에는 드리는 자에게 유익이 되지 않을 수도 있습니다. 어떤 헌금이 되느냐 하는 것은 드리는 자가 주님께 드리듯이 드렸는지의 여부에 따라 달라집니다.

말세에 부의 이전이 있게 될 것인가?

지난 몇 년간 세상의 부가 교회로 이전되어 오는 것에 대한 상당한 논의가 있어 왔습니다. 이런 생각은 이런 성경 구절에 근거를 두고 있습니다. "… 죄인의 재물은 의인을 위하여 쌓이느니라"(잠 13:22).

어떤 사람들이 이것을 하나님의 사람들이 하나님의 일을 위해 넉넉한 돈을 가질 때가 올 것인데 그것은 세상의 부로부터 하나님의 사람들에게 돈이 옮겨지기 때문이라고 해석한 것입니다.

무엇보다도 나는 신약성경에서 이런 가르침을 찾을 수 없습니다. 이런 목적으로 하나님을 적극적으로 믿으라는 말씀은 더욱 없습니다. 뿐만 아니라 성경 구절 단 하나에 근거를 두어 기본 믿음과 교리를 만드는 것은 해서는 안 될 일입니다. 예수님께서는 "…두세 증인의 입으로 날마다 확증케하라"(마 18:16)고 말씀하셨습니다.

교회가 사람들을 거듭나게 하고 그 할 일을 하면 더 많은 사람들이 주의 일을 위해 십일조와 헌금을 드리게 될 것이 분명합니다.

그러나 우리는 세상의 돈을 탐내지 않도록 조심할 필요가 있습니다. 우리는 죄인들의 돈이 우리 손으로 넘어오는 것에 관심을 가져서는 안됩니다.

우리의 관심은 그들의 심령이 하나님의 왕국으로 돌아오는 데 있어야 합니다. 우리는 그들이 가진 것(물질적인 재물)을 우리가 받는 것이 아니라 우리가 가진 것(영원한 생명)을 그들이 받게 되는 것에 초점을 맞추어야 합니다.

바울은 고린도 교회에 "내가 구하는 것은 너희의 재물이 아니요 오직 너희니라"(고후 12:14)라고 말했습니다. 사역자로서 바울은 그들의 돈이 아니라 그들의 영혼에 초점을 맞추었습니다.

사도 요한도 복음을 위해 여행을 하고 있는 사역자들에게 이렇게 말했습니다. "이는 저희가 주의 이름을 위하여 나가서 이방인에게 아무것도 받지 아니함이라"(요삼7절). 이 구절을 다른 번역본들은 이렇게 강조하고 있습니다.

"믿지 않는 사람들로부터 아무것도 받지 않고…"(굿스피드)
"세상 사람들로부터 아무것도 취하지 않고…"(벡)
"믿지 않는 사람들로부터 취하기를 거절하고…"(모팟)
"그들은 비 그리스도인들로부터 어떤 도움도 받지 않고…"(필립스)

우리의 사명은 세상의 부를 얻어내려고 하는 것이 아닙니다. 우리의 사명은 복음을 전파하는데 우리가 소유하고 있는 재물을 신실하게 사용하는 것입니다.

모든 그리스도인이 단지 십일조와 헌물만 충실히 드린다면 교회는 무엇을 하든지 필요한 넉넉한 자금을 가지게 될 것입니다.

통계자료에 의하면 교인의 20%가 교회수입의 80%를 담당하고 있으며 미국 그리스도인들은 주님의 일을 위해 자기 수입의 6%정도만을 드리는 것으로 나와 있습니다.

드리도록 되어있는 대로 드린다면 우리의 재정상태가 얼마나 좋겠습니까! 성경은 교회가 대환란 후에 예수님과 함께 재림하고 주님께서 천년 왕국을 이 땅 위에 세우실 때 우리가 옛 죄인들의 부를 물려받게 될 것을 가르치고 있습니다.

그러나 나는 신약성경 어디에서도 지금 우리가 그들의 돈을 취하는데 초점을 두어야 한다는 것을 찾아볼 수 없습니다.

오히려 우리는 우리가 이미 소유하고 있는 재정을 신실하게 사용하여서 구원받지 못한 사람들의 심령을 구원하는데 집중해야 합니다.

속임수 사용하기

65년이 넘는 나의 사역기간을 회고해 볼 때 나는 많은 설교자들이 사람들의 관심을 끌고 그들이 자신의 광고와 간청에 더 많은 헌금으로 반응을 할 수 있도록 수많은 속임수와 요령을 사용해온 것을 기억합니다.

오늘날도 새로운 수많은 속임수와 요령이 판치고 있음을 알고 있을 것입니다. 많은 속임수들이 수십 년 동안 사용되어졌습니다. 나는 어떤 속임수는 사용되다 중단되었다가 하기를 두세 번씩 반복하는 것도 보았습니다.

어떤 속임수들은 정말 우스꽝스럽습니다. 그런 속임수도 통한다는 사실이 얼마나 많은 사람들이 무지하고 미신적인지를 설명하고 있는 것입니다. 그들은 혼적인 감옥에 갇힌 사람들이며 영의 세계에 살고 있는 사람들이 아닙니다.

수년전 라디오에서 어떤 사람이 당신이 10불을 헌금하면 빨간 줄을 보내 주겠다고 말했습니다. 그 줄에 특별한 능력이 있다는 것입니다. 당신이 만일 비만하다면 허리에 그 줄을 두르고 있으면 체중이 줄어든다는 것이었습니다. 당신이 마른 사람이라면 이 줄을 허리에 매면 체중이 증가하게 된다는 것이었습니다.

나중에 어떤 사람은 자기가 기도한 축복받은 지갑이란 아이디어를 가지고 나타났습니다. 25불을 그 사역자에게 보내기만 하면 그런 지갑을 얻을 수 있었습니다. 그 지갑을 주머니에 넣어두고 하나님께서 기적으로 그 지갑을 채워주실 것을 기대하라는 것이었습니다.

지갑을 좀 가지고 다니다가 축복받은 지갑을 열면 그들의 청구서 대금을 지불할 수 있는 돈이 그 지갑 안에 있을 것이라고 했습니다. 내 생각에 그런 거짓말에 속아 넘어가는 것은 불가능해 보였지만 많은 사람들이 돈을 보내고 붉은 줄과 축복받은 지갑을 받아 사용했습니다. 또 다른 속임수들은 더 믿음이 가고 확신을 심어주는 듯했습니다.

1950년대에 어떤 라디오 설교자로부터 자기에게 헌금과 함께 기도 제목을 보내라는 요청을 받았습니다. 그는 자기가 받은 모든 기도요청 편지를 가지고 예루살렘에 가서 예수님께서 묻히셨던 그 빈 무덤에서 기도를 할 것이라고 약속하였습니다. 그는 한 자루가 넘는 편지를 받았고 수천 명의 사람들이 그가 그 장소에서 기도해 주기를 원했다고 들었습니다. 하나님은 어느 곳에서 부르짖든지 그것이 당신의 침실이나 일터나 관계없이 당신이 믿음으로 하는 기도를 듣고 응답하시며, 예루살렘의 그 무덤에서 드린 기도를 더 잘 들으신다고 하는 성경말씀은 전혀 없습니다.

중요한 것은 누가 어디서 기도하느냐가 아니라 당신이 하나님의 말씀에 근거하여 하나님을 믿는 것입니다.

예루살렘에서 기도해준다는 것은 단지 또 하나의 속임수일 뿐이었습니다. 그 라디오 설교자가 진정 원했던 것은 더 많은 사람들이 헌금을 보내주는 것이었습니다. 그래서 더 많은 이름을 그의 우편 명단에 갖게 되고 다른 우편과 호소를 통해 자기 유익을 꾀하는 것이었습니다. 때때로 이런 속임수는 아주 교묘하기 때문에 이런 광고를 하는 본인마저도 자기가 하고 있는 일이 순수한 것으로 생각하기까지 속는 경우도 있습니다. 몇 개월 전에 나는 내게 보내온 교회 신문들(나는 이런 것을 많이 받게 됩니다)을 훑어보고 있었습니다.

그 교회가 선전하고 있는 집회는 '갑절'의 밤이란 것이었습니다. 신문은 이렇게 말하고 있었습니다. "믿음을 가지고 와서 갑절을 받으십시오!" 오십 여 년 전에 '갑절' 예배에 관해 들은 적이 있었기 때문에 나는 이 광고에 관심을 가지게 되었습니다. 이것이 내게는 한 사람이 어떤 일을 하면 온 나라 사람들이 같은 마차에 올라타려고 하는 것 같이 보였습니다.

'갑절 축복' 예배의 문제는 모든 신자가 주님으로부터 갑절을 받는다는 것이 성경적이 아니라는 것에 있습니다. 무엇을 갑절로 받는다는 말입니까?

이 개념은 구약의 엘리사와 엘리야가 둘 다 선지자 직분에 부름 받아 기름부음 받은 이야기에서 발견되었습니다. 엘리야가 말했습니다. "나를 네게서 데려감을 당하기 전에 내가 네게 어떻게 할 것을 구하라"(왕하 2:9). 엘리사는 엘리야의 영의 갑절을 원한다고 말했습니다. 나머지 이야기는 엘리야가 불마차를 타고 올라가는 것을 보게 됨으로 인해 엘리사가 그 조건을 만족시키게 된 것과 엘리야의 겉옷이 그에게서 떨어지게 된 것을 말하고 있습니다. 또한 성경의 기록은 엘리사가 엘리야의 기름부음을 갑절로 받았으며 그는 두 배나 많은 이적을 행했다고 말하고 있습니다.

엘리사가 갑절을 받는데도 최소한 두 가지 조건이 있었습니다. 첫번째로 그는 엘리야와 똑같이 선지자로서 부르심과 기름부음을 받았습니다. 두 번째로 엘리야는 그에게 그가 자기로부터 무엇을 원하는지 구하도록 하였습니다.

오늘날 갑절로 요구하는 '갑절 축복' 예배에서 사람들은 어떤 조건을 만족시키고 있습니까? 그들은 물질을 갑절로 원합니까? 영적인 것을 갑절로 원합니까? 어떤 경우든지 모두 다 성경적인 근거가 전혀 없습니다.

하나님께서는 그들의 모든 필요를 공급하시겠다고 이미 약속하셨습니다. 모든 것의 갑절을 어떻게 얻을 수가 있습니까?

모든 신자는 성령의 기름부음을 각자 안에 가지고 있습니다. "너희는 주께 받은 바 기름부음이 너희 안에 거하나니…" (요일 2:27).

그런데 왜 '갑절 축복' 예배를 갖습니까? 이런 생각을 사용하는 대부분의 사역자들이 사람들에게 복이 되기를 원하고 있는 것은 확실합니다만 그들은 자기들이 가져다줄 수 없는 무엇을 약속하고 있는지도 모릅니다. 뿐만 아니라 이런 특별한 예배를 계획하는 이유 중의 하나는 그 교회 예배에 더 많은 사람들의 관심을 끌고 참석하도록 하려고 하는 것입니다.

사역자들은 특히 자신들이 후원하고 선전하는 것에 관해 매우 조심해야 한다고 나는 믿습니다.

또한 동기가 순수한지도 항상 확실히 할 필요가 있습니다.

제 7 장

균형과 건전한 가르침
(Balance And Sound Teaching)

　이 책 전반에 걸쳐서 나는 중요한 기독교의 진리에 관한 적절한 강조의 중요성을 역설하였습니다. 이에 대한 많은 주제를 가지고 특별한 아이디어나 개념을 강조하여 극단으로까지 이끌고 가는 사람들이 있었습니다.
　그들의 태도는 마치 이것의 조금이 좋다면 전체는 더 좋을 것이라는 식이었습니다. 이렇게 되면 다른 그룹이 일어나 이 지나친 강조점을 고쳐주려고 합니다. 그러나 불행히도 그들이 '고쳐 주는 것'도 반대쪽 극단이 되어버립니다. 즉 이런 생각이 '너무 많으며' 공격적이 되므로 아주 없애 버리자는 것이지요.
　'아기를 목욕할 물과 함께 쏟아 버리는 것'과 같다고 말할 수 있겠지요. 그 결과는 이 두 극단적인 위치를 주장하는 사람들 사이에 흔히 오해와 적대감이 일어나고 크나큰 만(gulf)이 만들어 지는 것입니다.

그들의 특별한 열심 때문에 양쪽 모두 다 본래의 진리에 대한 관점을 놓치게 됩니다! 이런 현상에 대해 나는 기본적인 진리, 즉 성경의 위치를 도로의 중앙이라고 하고 극단적인 견해를 도로의 양쪽에 있는 도랑이라고 표현합니다. 이런 사람들은 얼마 안가서 곧 도로의 어느 쪽 도랑인가에 빠져 있는 것을 보게 됩니다.

왜 그런지 그리스도의 몸에게 가장 어려운 것이 어떤 주제에 관해 균형을 유지하는 것 같습니다. 나쁜 사람들만이 도랑에 빠지는 것이 아님을 주의하십시오. 이는 칭찬 받을 만한 좋은 의도를 가지고 있는 진지한 그리스도인들이 가진 진리에 대한 열정이 그들의 지혜를 추월하게 됨으로 생기는 일입니다.

과거에 그 잘못이 전국의 주요 뉴스가 되었던 그리스도인 지도자 중 누구도 고의적으로 타인을 상처 입히거나 잘못에 빠지게 하려고 한 것은 아니라고 나는 믿습니다.

그들은 극단으로 치달음으로 말미암아 복음의 중심된 진리와 주된 목적에서 멀어지게 됩니다. 한번 궤도를 벗어나면 내리막길을 달려 내려가기는 너무나 쉬운 것입니다. 그러면 몇몇 기본 성경진리와 그에 대한 극단적인 주장, 즉 도로의 가운데 견해와 도로의 좌우 극단 도랑의 견해를 살펴보도록 하겠습니다.

주제	잘못과 극단 도로의 한쪽 도랑	진 리 도로의 한가운데	잘못과 극단 도로의 다른 한쪽 도랑
물세례	특별한 공식을 사용해서 침례받지 않으면 구원받을 수 없다.	침례는 그리스도의 죽음, 장례, 부활과 우리를 동일시함을 표시하는 교회의 예식이다.	오늘날 침례는 아무 관계도 중요성도 없다.
신유	신유는 지나갔다. 기적의 시대는 과거일 뿐이다.	하나님은 오늘도 치료하신다. 그러나 자연적인 치료 방법은 적절하게 받아들인다.	신유만이 합당한 유일한 길이다. 의사나 약을 이용하는 것은 죄이다.
사역 은사	우리는 더 이상 목사나 다른 사역자가 필요없다. 하나님은 모든 사람을 똑같이 사용하실 것이다.	그리스도께서 주신 은사는 지금 여기에 존재하고 있다. 그들의 일은 성도를 구비시켜서 섬기는 일을 하게 하며 그리스도인이 하나님과 동행하도록 말씀을 먹이는 것이다.	사역의 은사를 가진 사람들은 특별한 종류의 그리스도인들이다. 그들은 다른 그리스도인들 위에 군림하며 교회 뿐만 아니라 모든 그리스도인들의 삶을 다스린다.

여기 있는 기본적인 주제들에 대한 다양한 입장을 보셨습니까? 다른 교리적 견해에 대해서도 극단적인 입장을 조심해야 합니다. 이런 기본적인 주제들에 관한 균형잡힌 입장을 찾아서 유지하는 것이 분명히 쉬운 일은 아닙니다. 오늘날까지도 사역의 은사들을 사용하는데 있어서 잘못의 도랑에서 벗어나려고 애쓰는 교회들이 많이 있습니다.

사역의 은사들은 균형을 잡아야 합니다

오순절 운동이 견고한 성경적 기초위에 확립될 수 있도록 이 운동을 도왔던 개척자 중에 한 사람은 영국인 도날드 지(Donald Gee)였습니다. 그는 극단주의와 지나친 강조에 대해서 너무나 잘 지적하여 '균형의 사도'라고 알려지게 되었습니다.

나는 오래전에 그를 만나 그가 말하는 것을 직접 들을 수 있는 특별한 기회를 가졌습니다. 나는 그의 많은 책과 기고문들을 읽었는데, 그가 지혜와 통찰력으로 가득차 있다는 것을 항상 발견할 수 있었습니다.

나는 그의 사역을 사랑하고 늘 감사하는 마음을 가졌습니다. 1930년대에 나는 어떻게 사역의 은사가 균형과 건전성을 창출할 수 있는지에 대한 심오한 조언을 아래의 글로 발표했습니다.

그리스도의 사역은사(ministry-gifts)를 공부할 때 가장 처음 만나게 되는 매력적인 부분은 은사의 지혜로운 다양성입니다.

처음에 열거된 '사도'의 사역은 모든 형태의 사역을 포함하고 있는 듯이 보입니다. 그러나 사역을 통해 영감을 불어넣고 인간 본성의 감정적인 면에 호소하는 '선지자'도 있습니다. 또한 이에 균형을 잡아주기 위해 그 사역이 논리적이고 지적 기능에 호소하는 형태를 띤 '교사'도 있습니다. … 그리고 그 사역이 거의 전적으로 교회 밖에서, 교회 없이 수행되는 '복음 전하는 자'가 있습니다. 반면 거의 전적으로 교회 안에서만 사역하는 '목사'도 있습니다. 그러나 두 사역 모두 똑같이 필요하고 명예로운 일입니다.

사역의 균형을 유지하는 일은 대부분의 믿는 자들이 깨닫고 있는 것보다 훨씬 더 중요하며 밖으로는 효과적이고 공격적으로 영향력을 행사하고 안으로는 균형잡힌 성장을 이루는 데 매우 중요합니다.

많은 교회들이 한 사람 사역 비전만 가지고 있으면서 그가 복음 전하는 자, 목양하는 자, 가르치는 자, 예언적 사역을 하는 자의 모든 역할을 해내기를 기대합니다.

단 한 사람이 복음 전도에 괄목할 만한 성공을 이루기를 기대하며 동시에 놀라운 조직 행정가가 되고 좋은 목사로서 심방을 잘하고 유능한 성경교사로 가르칠 뿐 아니라 이에 더하여 신유의 은사와 영감있는 예언을 하는 은사를 가지고 있을 것을 기대합니다.

놀라운 것은 많은 사람들이 적어도 어느 정도까지는 이 궤도에서 벗어나고 비 성경적인 요구를 만족시키고 있는 듯이 보인다는 것입니다. 대개 이런 기대는 사역자들에게는 엄청난 압박이 되는 것입니다. 이렇게 되면 결국 그들은 하나님이 주신 그들의 진정한 사역 분야에 있어서 최고의 능력에 결코 도달하지 못하게 됩니다.

또 다른 교회나 개인들의 경우는 한 사람이 모든 필요한 분야의 사역을 완수하기를 원하는 마음이나 비전도 없는 듯 합니다. 그들은 오직 한 가지 사역만 보게 됩니다. 다른 분야에 대해서는 감사하는 마음도 격려하는 것도 시간을 드리는 것도 없습니다. 예를 들면 어떤 교회나 믿는 사람들은 아주 좁은 의미의 전도 이외에는 아무 비전이나 열정이 없이 가르치는 것이나 가르치는 자를 무시하기까지 합니다. 그와 반대의 경우 그들은 성경을 가르치는 데만 관심이 있어서 어떤 교회든지 거의 성경학교가 되게 합니다. 그렇게 되면 공격적인 교회 밖의 증거는 무시되어 버립니다.

위의 두 경우는 "예언을 멸시치 말라"(살전 5:20)고 한 말씀에 아주 맞는 경우입니다. 그들은 예언의 은사, 방언이나 통역의 은사에 대해 시간과 장소를 전혀 제공하지 않습니다.

또 다른 극단의 경우에 어떤 사람들은 이런 은사들에 지나친 가치와 중요성을 둠으로 말미암아 그들은 설교자의 사역에 성경에 묘사된 성령이 끊임없이 나타나지 않으면 그 설교자가 성령의 자유함이나 축복 안에 있다고 여기지도 않습니다. 그들은 집회 때마다 이런 은사들이 지배하는 것을 좋아합니다. 여기 모든 경우 각각 심각한 균형의 부족이 있는 것입니다.

그리스도께서 교회에 주신 다양한 사역에 대해 감사하는

마음을 가지는 것과 각 사역과 모든 사역이 다 원만한 활동과 성장에 필수적이라는 것을 깨닫는 것이 필요합니다.

  교사들은 흔히 복음 전하는 자들을 '피상적' 이거나 '감정에 호소' 한다고 얕잡아 말하며, 복음 전하는 자들은 교사들을 '답답하고' '메말랐다' 고 말하는 것을 듣게 됩니다. 교사와 복음 전하는 자는 선지자를 광신적이며 극단적이라고 부르기도 하고 예언, 방언, 방언 통역 등 영감으로 말하기를 좋아하는 사람들은 똑같이 하나님께서 주신 사역을 하고 있는 형제를 가리켜 '육신적' 이라거나 '육적' 이라고 부르며 보복을 합니다. 이런 태도는 모두 다 잘못된 것입니다.

  물론 피상적인 전도에 그치는 극단이나 어렵고 열매가 없는 가르침이나 부정할 수 없게 광신적인 예언 사역의 극단이 있는 것이 사실입니다. 그러나 진정한 처방은 이런 다양한 사역 중 특별한 한 가지 사역을 억누르는 데 있는 것이 아닙니다. 이렇게 되면 우리는 너무도 쉽게 하나님의 영을 소멸하게 됩니다. 사실상 이런 경우는 너무나 흔한 일입니다. 사람들은 거짓되고 유익하지 못한 것을 다루다가 동시에 참된 것까지 희생하여 버리는 엄청난 값을 지불해 왔습니다.

  영감 있는 사역을 제재하려면 영감 있는 다룸이 필요한 것입니다. 하나님의 계획은 하나님께서 교회에 세우신 모든 사역이 서로를 고쳐 주고 보완하므로 말미암아 부족한 요소를 공급해 주고 어떤 분야든지 균형을 회복하도록 필요한 점검을 해 주는 것, 즉 선지자는 교사에게 영감을 주고 교사는 선지자가 안정을 찾도록 해주며 복음 전하는 자는 죽어가는 바깥 세상에 복음의 필요성을 지속적으로 우리에게 깨우쳐 주고 목사는 영혼을 '구원' 한 뒤에도 아직도 돌봄이 필요하다는 것을 보여 주어야 합니다. 사도는 무엇보다도 그리스도와 그의 교회를 신선한 정복의 길로 인도하고 영감을 불어 넣어야 합니다.

70여년이 지난 지금도 이 말은 교회를 위해 놀라운 말씀입니다. 실제로 사역에 있어서 균형을 유지하는 것은 너무나 중요합니다. 대부분의 신자들이 깨닫고 있는 것보다 훨씬 더 중요합니다.

돈에 관한 균형 유지

이제 돈에 관해서 균형을 유지하는 것에 대해 이야기합시다. 이 분야에서도 사람들이 도달해 있는 결론을 아래와 같이 세 가지로 나누어 볼 수 있습니다.

잘못과 극단	진리	잘못과 극단
도로의 한쪽 도랑	도로의 한가운데	도로의 다른 한쪽 도랑
• 돈은 모든 그리스도인들이 피해야 할 악한 것이다	• 하나님은 그의 자녀들을 축복하시고 부요케 되기를 원하신다.	• 부자가 되는 것이 믿음의 요점이다.

• 하나님은 그의 자녀들이 가난하기를 원하신다.	• 우리는 물질적인 데만 관심을 갖지 말고 하나님의 나라를 먼저 구해야 한다.	• 하나님의 주된 관심은 당신이 물질적으로 부요해지는 것이다.
• 가난함은 겸손함을 나타내는 것이다.	• 설교자들은 돈에 대한 하나님의 진리를 가르쳐야 하지만 자기를 섬기는 것이 되어서는 안된다.	• 물질의 풍요는 당신의 영성의 척도다.
• 설교자는 결코 돈에 관해 말해서는 안된다.	• 설교자는 다른 많은 하나님의 말씀과 같이 부요함에 대한 가르침도 균형을 유지해야 한다.	• 설교자는 다른 어떤 주제보다도 돈에 대하여 많이 가르쳐야 한다.

나는 전국에서 모인 목사들과 대화할 기회가 자주 있습니다. 그들은 그들의 가장 큰 갈등 중의 하나가 부요함과 재정적 축복 문제에서 어떻게 균형을 유지할까 하는 것이라고 말했습니다. 만일 목사들이 탐심을 가지거나 탐욕스럽게 되지 말고 동기를 순수하게 유지해야 한다고 강조하면 성도들은 물질적인 부분에서 하나님의 역사하심을 믿는데 어려움을 겪게 됩니다.

반면에 목사가 부요케 되는 것을 바라고 재정 분야에 있어 하나님을 믿는 것을 강조하게 되면 성도들은 지나치게 물질 중심적으로 되는 경향이 자주 있습니다. 다시 말하지만 꼭 나쁜 사람이기 때문에 한쪽으로 치우쳐 도랑에 빠지는 것은 아닙니다. 심지어 진지하고 정직한 사람들조차도 그들의 진리에 대한 열정이 그들의 지혜를 넘어서도록 허락하기도 하는 것입니다.

균형 잡힌 방법으로 진리를 추구하기

1975년에 '시계추의 움직임(The Pendulum Swings)'이란 책을 출판했던 나의 친구인 밥 부에스(Bob Buess)가 있습니다. 침례교 목사로서 성령의 충만함을 받은 후 부에스 형제는 내가 순회전도를 인도하며 복음전도자의 사역을 시작하던 그 해에 같은 사역을 시작하게 되었습니다. 가끔 우리는 함께 만나서 서로 좋은 교제를 나누곤 했습니다. 그의 책은 율법적이고 교조적인 영을 피하면서 사랑의 방법으로 균형 잡힌 영적 진리를 추구하는 것에 대해 매우 중요한 내용들을 말하고 있습니다. 그 책의 서문에서 부에스는 아래와 같이 썼습니다.

나는 몇 년 전에 어떤 가르침에 관해 관심을 갖게 되어서 이 주제에 대해 좀더 알아보기 위해 하나님의 말씀을 찾기 시작했습니다. 나는 성경을 앞표지에서부터 뒤표지까지 다 믿고 있지만 어떤 구절들은 스스로 무시하고 지나갔었습니다. 어떤 진리는 그냥 모르고 넘어간 것입니다. 말씀 가운데 몇몇 구절에 관하여서 나는 완전히 무관심했었습니다.

나의 새로운 신조가 예전의 그것과 다르지 않았음에도 나는 나의 새로운 교리를 방어하기 시작했습니다. 아주 교묘하게도 이것은 어떤 의미에서 내가 방어하고 보호해야 했던 일종의 우상(god)이 되어가고 있었습니다.

이런 경우는 흔합니다. 그리스도인들은 성령님께서 그들 가운데 주신 생각을 좇아 성경 구절을 연수하는 가운데 쉽게 이러한 오류에 빠지게 됩니다.

그들은 흥분하여서 무엇인가 발견하려고 하나님의 말씀을 탐색해 나갑니다. 그리고 새로 발견한 아이디어를 나타내고 있는 몇몇 구절을 성경에서 찾아내면 그들의 이 이론을 보다 확실하게 증명하려고 곧 성경 전체를 통하여 미친 듯이 집착합니다.

이렇게 해서 교리주의가 생기는 것입니다. 자기들에게 어떤 일이 일어나고 있는지 잘 깨닫지 못하기 때문에 이 사람들은 그들의 주장을 증명하려고 이 구절 저 구절 왔다 갔다 하면서 몇 구절씩 던지고 또 다른 구절들은 완전히 무시해 버립니다… 이런 목적에 사로잡힌 사람들은 그들의 이론을 주장하려고 새로운 논증을 추구하는 일에 미친 듯이 열심을 냅니다. 시간이 지남에 따라 그들은 거칠어져 갑니다.

이 책의 목적은 독자로 하여금 오늘날 그리스도인들이 당면하고 있는 몇몇 논쟁이 되는 주제들의 다른 면을 보여 주고 생각의 속도를 늦추어 주려는 것입니다. 그대로 율법

주의나 교조주의(dogma)로 향하게 하지 않고 하나님의 뜻 가운데로 시계추가 되돌아오도록 하려는 것입니다.

어떤 분파주의의 관점을 떠나서 현재 논의되고 있는 것을 재점검하려는 것입니다. 스스로의 가르침에 균형을 잃고 교조적으로 한 길로 매진하고 있는 교사들에게 그들을 정죄하고 있는 야고보서 3장 1절을 받아들이게 하려는 것입니다.

단순한 복음을 버리고 법 조항과 규정들로 되돌아갔던 갈라디아 그리스도인들에게 사도 바울은 편지를 썼습니다.

이 갈라디아 사람들에게 역사하던 영이 오늘날 그리스도의 몸에 역사하고 있어서 어떤 믿는 자들은 말씀을 대할 때 율법적이고 사람들에게 진리를 적용함에 있어서 엄격하고 교조적입니다. 가르치는 사람들이 다른 면은 전혀 고려하지 않고 작은 교리를 주장하기에만 급급하기 때문에 사람들은 혼란과 과오에 빠지게 됩니다. 다른 면을 본다는 것은 우리가 지혜를 추구하는데 꼭 필요한 것입니다.

잠언 4장 7절은 이렇게 말하고 있습니다. "지혜가 제일이니 지혜를 얻으라 무릇 너의 얻은 것을 가져 명철을 얻을지니라"

예수 그리스도 스스로도 우리를 율법주의로부터 구원해 내실 것입니다. 왜냐하면 그분은 지혜이기 때문입니다 (고전 1:30).

부에스의 통찰력 있는 이 말은 오늘날 우리에게 아직도 적용되는 말이며 이렇게 하면 우리도 지혜로워질 수 있다고 나는 믿습니다.

지나침도 가끔 필요합니다

 내가 수년 동안 교회에서 보아온 문제 중의 하나는 사람들이 영적인 주제들에 관해 서로 다른 믿음의 관점을 갖게 되는 것이 대개 그들간의 세력 다툼에서 기인한다는 것입니다. 나는 이것을 1947년부터 1958년까지 일어났던 신유부흥 기간 동안에 직접 보았습니다. 극단주의와 과오는 신유부흥 기간이 끝나기도 전에 재능 있고 유능한 한 사람의 삶과 사역을 실제로 파괴하는 것을 보았습니다. 이런 유의 지도자들의 지나침 때문에 수많은 사람들이 상처입고 실망하게 되자 위대한 부흥의 원동력도 멈추어 버리고 말았습니다. 이 부흥의 초창기에 도날드 지(Donald Gee)는 '치유의 목소리(The Voice of Healing)'에 이성과 책임성을 촉구하는 글을 썼습니다. 그 글의 제목은 '지나침은 가끔 필요합니다'였습니다. 나는 여기 그 전문을 싣습니다.

 진정한 오순절적인 증거의 모순 중에 하나는 흔히 양쪽의 극단을 촉구하도록 지나침을 칭찬하는 간증을 독려함과 동시에 또한 교리와 실제 행함 간의 적당한 균형 유지의 필요성을 강조하는 것입니다.
 영적 은사, 즉 방언에 관한 바울의 가르침은 균형과 절제를 강조하고 있습니다(고전 14:15, 23, 27, 33, 40). 동시에 그는 그가 그들 모두 보다도 더 많이 방언으로 말하는 것을 극단적인 말로 주장하였습니다. 그러면서도 방언보다는 가르침의 중요함을 5:10,000 정도의 비율로 극단적으로 표현하고 있고, 또 한편으로는 "너희가 모두 다 예언을 하기를 바란다"(고전 14:18-19, 31)고 말하고 있습니다.

그래서 우리들 대부분은 뿌리 깊은(든든하게 정착된) 극단주의자들입니다. 어떤 진리의 빛을 보게 되면 우리는 그것을 극단적으로 밀어붙임으로 끊임없는 압력으로 마침내 스스로를 공격적으로 만들고 헛되게 하며 결국 오류에 빠지게 합니다. 어떤 성공적인 사역의 흐름을 발견하면 우리는 그것을 극단적으로 추구하므로 결국에는 그것에 신물이 나고 스스로 탈진해 버립니다. 균형을 유지하는 것에 우리는 계속 실패함으로 진정한 유용성을 늘 놓쳐버리고 맙니다.

결국 사람들은 우리에 대한 신뢰를 잃어버리게 되고 우리의 조급함이 성령님을 근심케 함으로 우리는 버림받고 무식한 종들의 무리로 저버림을 받게 됩니다. 그러나 우리 중에 더 많은 사람들은 지나친 모험주의를 전혀 시도하지 않은 채 단조로운 중도의 길을 추구하므로 능력있는 삶을 놓쳐버리는 위험에 처해 있습니다. 항상 동시에 양쪽의 의견을 제시하려고 하기 때문에 우리의 설교에는 뜨거움(fire)이 부족합니다. 전통이나 존경심을 상하게 하는 어떤 공격도 피하려고 하기 때문에 우리의 방법은 효과가 없습니다. 우리는 극단에 치우치는 재앙을 피하여 우리가 이룩한 성공을 자랑스럽게 여길 수 있지만 우리가 얻은 안전은 아무것도 하지 않고 그냥 조용히 정적인 상태로 남아 있으므로 성취한 것일 뿐입니다. 이렇게 함으로 우리는 우리가 살고 있는 지역사회에 실제로는 아무 영향도 주지 못하게 된 것입니다. 사람들이 우리를 미친 사람들이라고 하지 않는 것이 현실이라면 이것은 또한 하나님께서 진실로 우리 가운데 함께 하신다고 한번도 말하지 않은 것일 수도 있습니다. 뻔한 얘기지만 그들은 우리가 그들 가운데 존재한다는 것조차 모르고 있을 것입니다!

우리는 바로 균형의 중요성을 격찬하고 있는 것입니다. 진리의 길을 극단주의에서 찾을 수 없다는 것을 주장하고 있는 것입니다. 극단주의로 계속 치닫는 것은 사람이나 그 운동 자체나 스스로 파멸하게 될 뿐이라는 사실을 바로 지적하고 있는 것입니다. 그러나 또한 부흥은 누군가 극단적이 되지 않고는 일어난 적이 없다는 것을 인정해야만 합니다. 열정적인 중보사역은 좋은 쪽으로 균형을 잃었습니다. 금식도 마찬가지입니다. 죄인들을 떨게 하는 열정적인 설교도 그렇습니다. 선교사나 복음 전하는 자가 제정신이 아닌 듯 보이도록 미친 듯이 집회를 하며 돌아다니는 것도 마찬가지입니다. 우리 주님의 친척들조차 주님이 미치셨다고 (막 3:21) 생각했던 것을 우리는 잘 기억하고 있습니다. 주님께서는 돈 바꾸는 자들의 상을 엎으실 때 이 구절을 인용하셨습니다. "주의 전을 사모하는 열심이 나를 삼키리라" (요 2:17)

오순절날이 제자들의 정서적 균형을 어떻게 깨뜨렸었는지 그들은 모두 술취한 사람들 같이 보였었습니다. 삼십 년 후 로마의 관리는 바울이 미쳤다고 단정했습니다. 이런 말에 대해 정중하고 적절하게 논박을 했지만 우리는 베드로도 바보는 아니었다는 것을 인정해야 합니다.

바울은 스스로도 가끔 자신이 미쳤음을 증언했으며(고후 5:13), 그의 제정신을 넘어서는 가르침과 겉모양은 하늘나라의 수준이었습니다.

일이 이루어지도록 하는 데는 극단주의가 있어야만 합니다. 믿음이 논리적인 것을 거절하고 많은 반대되는 경험들과 보다 '균형 잡힌' 가르침에 근거한 주장을 무시할 때 치유의 기적은 일어납니다. 사실 우리는 진정한 기적 가운데에는 무언가 극단적인 것이 없지는 않았는지 잘 조사해 보아야 합니다.

그렇다면 정당한 극단주의가 필수적인 균형을 껴안는 오순절적 진리의 길은 어디에 있습니까? 나는 위와 같이 대답할 수 있을 뿐입니다. 그러나 그것이 바른 방향으로 계속 발전해 나가기 위해서는 균형 잡힌 가르치는 사람이 필요합니다. 치유의 기적을 위해서는 극단주의가 필요하지만 건강을 위해서는 균형 잡힌 정신이 필요합니다. 어떤 운동을 시작하기에는 극단적인 열정이 필요하지만 그 운동이 스스로 파멸하는 것을 막기 위해서는 극단적인 것을 거부하는 것이 필요합니다. 오직 위로부터 온 지혜만이 완전한 통합을 나타낼 수 있습니다. 언제 어디에서 극단적인 교리나 행위가 수정되어 좀 더 균형 잡힌 관점을 갖게 될 것인지, 반면에 어디에서 넓은 진리를 수용하는 선이 일시적으로 좁아져서 역동적인 능력을 나타냄으로 하나님을 위해 역사 할 수 있도록 할 것인가를 아는 데는 오순절적인 천재성이 있어야 합니다. 이런 비상한 천재적 재능을 가졌다는 것은 참으로 위대한 부흥의 기간마다 나타났던 하나님께서 보내신 지도자의 표지였습니다.

지나친 강조들

과거에 우리는 많은 다른 교리를 지나치게 강조하는 것을 보았습니다. 이런 몇 가지 예를 살펴보고 긍정적인 목표와 극단적인 강조의 유행성에 관해 알아 봅시다. 우리는 믿음 운동에 있어서도 극단적인 강조를 보았습니다. 어떤 사람들은 모든 믿는 사람들은 약을 버리고, 의사를 찾아가지 말고, 보험든 것을 다 해약하고, 직장도 사직하고, '믿음으로만 살며' 어떤 급한 상황 아래서도 돈을 빌려서는 안된다고 생각했습니다.

우리는 성령운동에 있어서도 극단적인 강조를 보았습니다. 어떤 사람들은 교회에 올 때마다 바닥 위에 넘어져 구르며 웃는 성령집회 이외에 다른 예배를 기대하지 않았습니다. 어떤 사람들은 모든 사역자들은 항상 성령집회를 열어야 한다고 생각했습니다. 또한 우리는 부요함 특히 물질적인 부요함이 그리스도인들을 위한 것이라는 가르침을 지나치게 강조하는 것을 보았습니다. 그래서 어떤 사람들은 복음을 전하기 위해서 풍성한 자원을 효과적으로 이용하고 경제적으로 어려운 사람에게 하나님의 좋으심을 증거하는 선한 청지기가 되기보다는 부요함을 보여주는 것은 사치스러운 삶을 과시하고 자랑하는 것이라고 믿고 경계하게 되었습니다.

극단적인 강조 자체가 모든 경우에 문제가 되는 것은 아닙니다. 때때로 극단적인 강조는 잠자고 있는 무기력하고 무관심한 교회를 깨우치고 충격을 줌으로써 발전을 해서 꼭 필요하지만 간과되었던 진리를 깨닫게 하기도 합니다. 그러나 대부분의 극단적인 강조는 길 한쪽 도랑에 빠져있는 사람들을 끌어내어 도로의 다른 편의 도랑에 빠지게 합니다. 그렇게 되면 지나친 강조란 단지 그동안 무시되고 가볍게 여겨졌던 일반적인 진리에 대한 사람들의 관심을 뒤흔들어 놓아 흥분시키는 것일 뿐입니다.

지나친 강조는 일차적으로 우리의 주의를 끌게 됩니다. 그러나 다음 단계로 우리에게는 이 일반적 진리를 생산적이고 열매가 있도록 적용하는 지혜가 필요합니다. 문제는 강조되었던 것을 극단적으로 적용하는데서 발생합니다. 다른 말로 하면, 사람들이 강하게 강조되었던 것을 균형있게 적용하지 못한다는 것입니다. 그들은 그 진리를 그 외의 하나님의 말씀에 통합하지 못합니다. 우리가 균형을 유지하는 데는 하나님의 말씀 전부가 필요합니다.

어떻게 하면 사역자가 성령님께서 강조하고 있는 특정 진리를 하나님의 말씀 전체에 통합할 수 있을까요? 그 해답은 분리된 한 구절만이 아닌 가능한 많은 성경의 기초석들을 찾아내어 그 주제에 관한 균형잡힌 관점을 의식적으로 제시하는 것에 있다고 나는 믿습니다. 말씀을 배우는 학생이나 사역자들이 특별한 진리에 초점을 맞춘다 하더라도 그들이 먹는 영적 음식에 다른 주제들을 포함하여 제시하는 것은 아직도 중요한 것입니다.

어린 아이가 디저트를 좋아한다고 해도 지혜로운 부모라면 빵과 고기, 야채를 차려서 먹게 할 것입니다. 하나님의 말씀 전체를 가르치는데 있어서 내가 잘 사용하였던 원칙은 이것입니다. 성경이 어떤 주제에 관하여 강조를 많이 하고 성경의 다른 책들에서도 그에 관한 많은 구절들이 있으면 나는 그 주제를 설교나 가르칠 때 강조하였습니다. 반면에 성경이 어떤 주제에 대하여 별로 말하고 있지 않으면 나는 그 주제에 대하여 특별한 강조를 하거나 지나치게 그것에 관해 교조적이 되지 않으려고 했습니다.

실제적인 지혜와 상식을 저버리지 말라

그리스도인으로서 우리는 성경적인 가르침과 성경적인 원리를 매일 매일의 삶에서 적용해야 할 뿐 아니라 또한 실제적인 지혜와 상식도 저버리지 않도록 해야 합니다. 이 세상에서 살 때에도 균형을 유지하는 것이 필요합니다. 믿음으로 산다는 것은 우주의 자연법칙을 무시하는 것이 아닙니다. 자연법칙은 사실상 하나님의 법이기 때문입니다. 일반적으로 하나님께서는 우리가 우리 힘으로 스스로 할 수 있는 것을 초자연적으로 행하시지 않습니다. 대부분의 사람들은 그들이 알고 있는 것과 그들이 할 수 있는 것을 다 해본 후에야 하나님께서 오직 하나님만 할 수 있는 일에 개입하셔서 일하신다는 것을 발견합니다.

예를 들면, 하나님께서 사람의 몸을 기적적으로 치료하실 수 있다는 데는 질문의 여지가 없습니다. 개인적으로도 나는 죽음을 기다리며 침대에 누워 있었지만 이제는 완전히 건강을 되찾았습니다. 또한 나는 수년 동안 살아오면서 많은 사람들이 두통에서부터 암에 이르기까지 낫는 것을 보았습니다.

하나님께서 고치실 수 있고 고치시기 때문에 우리가 바른 식생활을 하고, 적당히 일하고 알맞게 쉬며, 동시에 적당한 운동을 하는 등의 우리의 몸을 돌보는 상식을 사용하지 않아서는 안되는 것입니다. 병에 걸린 사람이 의학적 치료를 중단하고 모든 이성과 상식을 저버리는 일을 해서도 안됩니다.

당뇨병에 걸린 사람이 많은 양의 녹말과 단 음식을 섭취하면서 자기는 하나님이 고쳐주실 것을 믿고 있다고 말하는 것은 믿음이 아니라 어리석음입니다. 똑같은 의미로 어떤 사람이 '부요한 것처럼 보이려고' 온갖 사치품을 사서 이미 지불할 능력을 초과해서 신용카드로 빚을 지는 것은 우스꽝스러운 일입니다. 그들은 "나는 하나님께서 어떤 방법을 통해서든지 나의 빚을 갚을 수 있는 돈을 마련해 주실 것을 믿습니다."라고 말합니다. "나는 기적적인 축복을 믿습니다. 하나님께서 내가 복권에 당첨되도록 하실 지도 모르죠!"

이런 사람들의 기대는 분명히 잘못된 이해와 그릇된 동기에 근거하고 있는 것입니다. 그들에게는 그들이 살고 있는 현실과 믿음 사이의 균형이 없습니다. 영적 분별력과 지혜가 없기 때문에 이런 사람들은 파렴치한 종교적 장사꾼들에게 쉽게 속아 넘어가고 진리의 길에서 더욱 멀어져 길을 잃어버리게 됩니다.

부요함은 오직 드리는 것에만 관계가 있는가?

부요함을 가르치면서 너무나 많은 설교자들이 재정적인 넉넉함을 받는 것은 전적으로 오직 한 가지, 즉 드리는 것에 관계가 있다고 가르칩니다. 대개는 그들 자신에게 드리는 것에 달려 있다는 생각을 전하는 것 같습니다! 저를 오해하지는 마십시오. 나도 주는 것을 믿는 사람입니다. 나도 드리는 것이 중요하다고 믿습니다. 그러나 드리는 것만이 부요함에 이르는 유일한 열쇠는 아닙니다.

나의 아들 케네스 해긴 주니어는 오클라호마 브로큰 애로우에 있는 레마 성경 교회의 목사입니다. 그는 레마 성경 훈련소의 학생이 대부분인 많은 수의 젊은이들에게 부요함에 관해 설교를 합니다. 켄은 부요함을 정의하고 확실한 부요함이 오늘날도 하나님의 사람들을 위한 하나님의 뜻이란 것을 보여주는 많은 하나님의 말씀을 포함시킵니다. 성경공부의 내용 중에 켄은 성경적 부요함의 결정적인 요소로서 십일조와 드리는 것에 관해 가르칩니다.

그는 또한 성경이 말하고 있는 것을 알고 행하는 것이 우리들의 부요함과 직접적인 관계가 있음을 강조합니다. 여호수아 1장 8절은 이렇게 선언하고 있습니다. "이 율법책을 네 입에서 떠나지 말게 하며 주야로 그것을 묵상하여 그 가운데 기록한 대로 다 지켜 행하라 그리하면 네 길이 평탄하게 될 것이라 네가 형통하리라"

보다시피 성경은 하나님께서 우리를 형통케 하는 것만 말하고 있지 않습니다. 성경은 우리가 우리 스스로의 길을 형통하게 만드는 것에 관해서도 말하고 있습니다. 이것이 바로 켄이 부요함의 영적인 면만 다루지 않는 이유입니다. 그는 또 젊은이들에게 그들의 기술과 관심을 발견해내고 하나님께서 그들을 어떤 사역으로 인도하시는지 하나님께 구하라고 격려합니다. 그들은 그들이 받을 수 있는 가장 좋은 교육을 받고 그들이 살고 있는 세상에 관하여 광범위한 지식을 얻어야 합니다. 그는 그들의 직장에서 진급하고 발전하기를 원하는 성인들에게 공부를 더하고 특별한 훈련을 받으라고 조언합니다.

켄은 또한 사람들이 그들의 직장에서 그들의 임무를 수행하는데 있어서 열심히 일하고 부지런해야 한다고 가르칩니다. 대부분의 경우에 일에 관심을 가지고 그 일을 잘 해내는 일꾼이 인정을 받고 또한 보상을 받게 됩니다. 물론 우리 직장이나 경제 상황만을 신뢰하는 것보다는 우리의 근원이 되시는 하나님을 신뢰해야 하는 것이 진리입니다. 그러나 그렇다고 재정적인 부요함이 전적으로 한 사람의 직업과 무관한 것은 아닙니다. 하나님께서는 우리에게 복을 주시려고 많은 근원을 사용하시지만 대부분 최우선적인 복의 통로로서 우리의 직장을 사용하십니다. 대개 어떤 사람의 재정적인 부요함과 그 사람이 일터에서 지는 책임의 양은 직접적인 관계가 있습니다. 열심히 일하고 전문적이고 보다 기술적인 분야에서 일하는 사람, 즉 더 많은 능력이 요구되는 위치에 있는 사람들일수록 재정적으로 더 큰 보수를 받습니다.

바울은 데살로니가 사람들에게 말했습니다. "또 너희에게 명한 것 같이 조용히 자기 일을 하고 너희 손으로 일하기를 힘쓰라 형제들아 자는 자들에 관하여는 너희가 알지 못함을 우리가 원하지 아니하노니 이는 소망 없는 다른 이와 같이 슬퍼하지 않게 하려 함이라"(살전 4:11, 13).

그는 또한 이렇게 선언했습니다. "무슨 일을 하든지 마음을 다하여 주께 하듯 하고 사람에게 하듯 하지 말라" (골 3:23).

켄이 그의 교회 성도들에게 가르치는 또 하나의 중요한 교훈은 좋은 사람들과 관계를 갖는 것의 중요성입니다. 당신이 의심과 불신앙으로 가득 찬 사람들과 함께 어울리면서 의심과 불신앙에 물들지 않을 수는 없습니다. 항상 비판적이고 불평을 하는 사람들과 함께 있으면서 그런 영향을 받지 않을 수는 없습니다. 거짓말만하고 속이는 사람들과 어울려 살면서 당신의 도덕적 성품을 타협시키는 유혹을 받지 않을 수는 없는 것입니다. 옛날에 사람들이 난로에 나무나 석탄을 때던 시절에 이런 말이 있었습니다. "당신의 손을 더럽히지 않고서 난로통을 다룰 수는 없습니다."

전반적인 하나님의 말씀의 주제는
균형을 이루어야 합니다

목사와 교사는 한 부분만이 아니라 하나님 말씀 전부를 가르칠 책임이 있다고 믿습니다. 켄이 부요함에 관해 가르치는 것은 단순히 드리는 것에 관해 말하는 것만으로는 얻을 수 없는 균형을 이 주제가 보충해주기 때문입니다. 어떤 사람들은 종교적으로 균형을 잃으므로 어떤 진리만을 강조하고 행하면서 다른 것들은 무시하거나 소홀히 여깁니다.

우리는 성경이 부요함에 대해 치우치거나 균형 잃은 메시지를 가르치고 있지 않다는 것을 배울 필요가 있습니다. "부요케 되기를 원하시면 드리십시오! 부요케 되기를 원하시면 드리십시오! 부요케 되기를 원하시면 드리십시오!"라고 계속 말하는 것 말고도 너무나 많은 것이 있습니다. 이렇게 하는 사역자들은 하나님의 말씀의 전반을 가르치고 있는 것이 아닙니다.

나의 개인적인 의견으로는 그들은 그 주제에 관해서 단지 한쪽만 강조함으로써 하나님의 말씀을 불공정하게 대하는 것입니다. 그들은 그들이 자신들로 하여금 돈을 내도록 하기 위해 드리는 것을 강조한다고 말하는 사람들에게 납득할만한 대답을 해주어야 합니다. 말씀의 약속을 온전히 신뢰하지 않으면서 단지 하나님을 "도와드리기 위해서" 다른 사람에게 계속 돈을 요구하여 모으려고 하는 것은 있어서는 안되는 일입니다.

또 하나 결정적으로 중요한 것은 사역자들이 사람들로 하여금 부요함이 사치스러운 부를 의미하는 것이라는 인상을 주거나 그렇게 믿도록 인도하지 말아야 한다는 것입니다. 부요함에 대한 믿음을 가진 사람은 누구나 왕궁 같은 집에 살며 화려한 차를 몰고 다니며 디자이너 이름이 붙어있는 값비싼 옷을 입고 살 것이라는 것은 진리가 아닙니다. 부요함은 상대적인 것입니다. 어떤 사람에게는 각종 요금을 지불할 수 있고 그들의 가족을 위하여 삶의 기본적인 안락함을 제공하는 것이 위대한 복일 수 있습니다. 어떤 나라에서는 부요하게 산다는 것이 자전거나 오토바이를 하나 가지고 있는 것이거나 곡식을 심을 수 있도록 밭을 갈 수 있는 황소 한 마리를 가지고 있는 것을 뜻할 수도 있습니다.

하나님은 왜 우리를 부요하게 하십니까?

하나님께서는 우리를 복주시고 우리의 필요를 채워주시기 위해 부요함을 보내십니다. 그리고 더 중요한 이유로는 우리가 사는 지역 사회와 나라와 온 세상에서 하나님의 일을 실천할 수 있도록 하기 위해서 우리를 부요케 하십니다. 우리가 이것을 이해하지 못하거나 잃어버리게 되면 우리는 그 복을 놓치게 될 위험에 처하게 될 것이라고 나는 믿습니다.

수년동안 레마 성경 훈련소는 수천 명의 일꾼을 추수하는 곳에 보냈습니다. 많은 졸업생들이 지역교회에서 목회자나 돕는 자로서 섬기고 있습니다. 또 많은 사람들은 그들의 삶에 대한 하나님의 소명을 감당하기 위해 선교 현장에 나가있습니다. 내 인생에서 가장 큰 기쁨 중에 하나는 학생이었던 사람들로부터 주님을 위해 그들이 하고 있는 일들에 관한 보고를 받는 것입니다. 우리는 그들을 통하여 복음을 듣고 자신의 마음을 하나님께 드린 많은 개발 도상국가들의 사람들의 간증을 들었습니다. 그들이 하나님의 말씀을 믿고 행하기 시작하자 그들도 삶 가운데서 부요함과 재정적 증가를 체험하기 시작했습니다. 그들이 감사하게 여기는 것들이 선진국 사람들에게는 별로 대단한 것이 아닌 것처럼 보일지 모르지만 자녀들을 위해 먹을만한 물이 있다든지 비가 새지 않는 지붕을 갖는 것은 그들에게 있어 극적인 발전을 나타내는 것입니다.

한 선교 지도자도 그러한 지역에서 복음을 전하기 시작했습니다. 그 나라의 교통수단이라고는 걷는 것뿐이었다는 것을 간증했던 것이 기억납니다. 그러나 그가 그들에게 부요함의 원칙에 관해 가르치고 하나님께서 그들의 필요를 공급해주시는 것을 믿을 것을 가르치기 시작한지 일년 정도 되었을 때 그 지역의 모든 사역자들이 자전거나 오토바이나 다른 동력으로 움직이는 교통수단을 소유하게 되었습니다. 그리하여 그들이 복음의 기쁜 소식을 나누고 예수님을 설교하기 위해 다른 마을에 가기가 훨씬 쉬워지고 편리해 졌습니다. 지금도 그 사람들은 어떤 기준으로 보면 아직 부자가 아닙니다만 그들 스스로는 복을 받아 부요케 되었다고 생각하고 있습니다! 부요케 되는 것은 '미국식 복음'(American gospel)이 아닙니다. 이 진리는 아프리카, 인도, 중국 어디든지 하나님의 사람들이 하나님의 말씀대로 실천하는 곳에서 역사할 것입니다.

이 땅의 가장 가난한 곳에서 진리가 아니라면 그것은 전혀 진리가 아닌 것입니다. 왜 미국과 다른 선진국들이 물질적인 자원으로 복을 받았는지 아십니까? 완전한 해답을 알고 있지는 않지만 나는 우리가 감사할 것이 너무나 많다는 것은 알고 있습니다. 후진국을 여행해 본 사람이라면 누구든지 우리나라에서 가장 가난한 사람도 세계의 대부분의 사람들보다 더 많은 것을 가지고 있다는 것을 알 수 있습니다.

우리가 이렇게 많은 자원을 맡게 된 이유 중의 하나는 아마도 우리가 그리스도의 위대한 사명을 세계적으로 완성하고 다른 선한 일들을 할 수 있도록, 재정적으로 후원을 할 수 있도록 하기 위해서 일 것입니다. 예수님께서는 이렇게 말씀하셨습니다. "알지 못하고 맞을 일을 행한 종은 적게 맞으리라 무릇 많이 받은 자에게는 많이 찾을 것이요 많이 맡은 자에게는 많이 달라 할 것이니라"(눅 12:48).

야고보 사도도 이렇게 선언했습니다. "이러므로 사람이 선을 행할 줄 알고도 행치 아니하면 죄니라"(약 4:17). 하나님께서 우리를 도우심으로 우리 힘으로 할 수 있는 선한 일들을 할 수 있게 되기를 바랍니다.

알고 있으므로 좋은 청지기가 되십시오

우리는 다른 사람들에게 복을 끼치고 복음을 온 세계에 전할 수 있도록 재정적으로 돕는 일 뿐 아니라 우리의 재정을 신뢰할 만하고 생산적인 사역에 투자할 책임이 있습니다. 농부와 마찬가지로 우리는 씨앗을 좋은 땅에 심기 위해 최선을 다해야 합니다.

내가 말한 대로 그리스도인들이 첫 번째 우선적으로 드릴 곳은 그의 지역교회라고 나는 믿습니다. 십일조는 교회의 사역자들과 교회 회중들의 전도사역을 후원하도록 교회에 드려야 합니다.

두 번째로, 믿는 사람들은 그들에게 영적 양식을 제공하고 '함께 하는 동역자'가 되기를 헌신한 다른 사역들을 후원할 수 있고 또 그래야만 합니다. 이런 후원은 십일조 이외에 추가로 헌금을 드리는 것이어야 합니다.

나는 우리의 기본적인 드림은 계획적이고 조직적이어야 한다고 믿습니다. 바울은 믿는 자들이 '마음에 뜻을 정하여' 드리도록 촉구했습니다. 이 말은 감정적인 호소나 죄의식이나 다른 어떤 충동을 따라 하지 말고 목적을 가지고 드리라는 뜻입니다. '성령님께서 인도하는 대로' 드리는 것도 좋습니다만 그런 경우는 자신이 계획적이고 조직적으로 드리는 것 대신이 아니라 그 위에 더하여 드리는 것이어야 합니다. 교회가 그 사역과 프로그램을 순조롭게 진행하려면 믿을 수 있는 규

칙적이고 지속적인 후원이 필요합니다. 교인들의 불규칙이고 일정하지 않은 헌금은 교회가 계획하고 예산을 세우는데 어려움을 줍니다.

지역교회의 후원을 받지만 교회 밖에서 기능을 하는 사역의 경우에도 지속적이고 조직적인 헌금에 의지해야 합니다. 가끔 드리거나 한 번 하는 헌금도 환영할만한 것이고 감사할 일이지만 케네스 해긴 미니스트리와 같은 조직체의 경우 신뢰할 수 있는 정기적인 수입의 흐름이 필요합니다. 매월 정기적인 헌금을 보내기로 헌신한 친구들로 구성된 '말씀 동역자 클럽'(Word Partner Club)의 목적도 이것입니다.

믿는 사람들은 하나님의 나라를 위해 생산적이며 복음을 전파하는데 적극적인 사역 단체나 교회의 확장된 사역을 하는 단체를 찾아내어 후원을 해야 합니다. 이런 곳에 물질로 후원하고자 하는 사람은 아래와 같은 질문들을 해 볼 수 있습니다.

— 사역을 통해 얼마나 많은 사람들이 거듭나며 성령 충만을 받는가?
— 전도사역을 통해서는 얼마나 많은 사람들이 믿음 안에 세워지고 강건케 되고 있는가?
— 수적으로 증가하고 있는가?
— 사역자들이 나오고 교회가 세워지고 있는가?
— 사역을 통하여 그리스도의 몸과 세상에 좋은 일이 일어나고 있는가?

― 메시지는 진리인가?
― 재정의 청지기 역할은 잘 하고 있는가?
― 사역에서 사용하고 있는 재정모금 방법은 윤리적이며 건전한가?
― 사역(과 사역자들)이 재정적으로 책임성이 있는가?

어떤 사역이 건전하고 도울 가치가 있는지를 결정하는 데 있어서 주의해 보아야할 경고의 표시나 빨간 깃발도 있습니다. 나는 아래와 같은 모습을 보이는 조직을 후원하거나 관계를 맺는 일에는 철저한 주의를 기울일 것을 제안합니다.

― "지금 드려야만 됩니다!"라고 말하면서 압력을 가하거나 충동적인 헌금을 하도록 조장한다. 당신이 헌금하지 않으면 정죄감이나 죄책감이 들도록 만든다. 당신의 주머니로부터 '예언하므로' 돈을 끌어내는 경우와 같이 과장하거나 감정에 들뜨게 하거나, 영적인 조종을 한다.
― "지금 헌금하는 사람은 누구나 100배로 돌려받을 것이다"라거나 "이번에 헌금하는 사람은 모든 부채가 탕감될 것이다"라고 하면서 터무니없는 약속을 한다. 지역 교회를 후원할 것을 격려하지 않거나 후원할 가치가 있는 유일한 사역은 자기들 뿐이라는 생각을 비친다. 사역 자체보다 돈을 걷는데 더 많은 힘과 시간을 사용한다. 속임수와 기분에 따른 한탕주의를 통해 돈을 내라고 호소한다.

재정과 부요함을 포함한 모든 분야에 있어서 균형을 유지하도록 노력합시다. 실제적인 지혜와 상식을 가볍게 여기지 않으면서 하나님의 말씀의 전부를 찾아보는 것을 기억하십시오. 이렇게 하면 당신은 항상 도로의 한 가운데에 머물게 될 것입니다.

제 8 장

돈, 드림과 받음에 관한 서신서에 근거한 24가지 원칙

(24 Principles From The Epistles Regarding Money, Giving, And Prosperity)

나는 신약성경 특히 서신서의 굉장한 대변자입니다. 사역 기간 동안 나는 내가 사용했던 모든 성경을 가지고 있으려고 노력했습니다. 한 권은 보관 중에 곰팡이가 나서 버렸지만 나머지는 모두 가지고 있습니다. 당신이 이 모든 성경을 조사해 본다면 서신서가 있는 성경의 뒷부분이 나머지 부분보다 훨씬 더 낡은 것을 발견하게 될 것입니다. 나를 오해하지는 마십시오. 나는 성경을 앞표지에서부터 뒤표지까지 전부를 읽고 가르칩니다. 그러나 오래 전에 나는 서신서(사도들의 편지)들이 나에게 직접 날카롭게 말하고 있다는 사실을 발견하였습니다. 서신들은 나를 포함하여 그리스도인들에게 쓴 것입니다! 그래서 나는 서신서 안에서 서신서대로 살기로 결단하였습니다.

수세기 동안 구약성경만이 성경의 전부였었습니다. 구약성경은 예수님께서 사역 기간 중에 인용했던 성경이었습니다. 구약성경은 하나님과 세계의 초창기 역사, 그리고 하나님께서 그가 선택한 백성인 유대인들을 어떻게 다루셨는지에 관하여 내게 가르쳐 줍니다. 구약성경은 율법, 선지자, 시편과 잠언으로 되어 있습니다. 나는 구약성경으로 인해 감사하고 또 유익을 얻고 있지만 이 책은 나에게 씌어진 글은 아닙니다. 사(四)복음서는 예수님의 가르침과 사역을 기록한 엄청난 책입니다. 복음서의 기록들을 읽음으로써 나는 주님의 탄생, 그의 여행, 그의 기적, 가르침, 그의 기도, 그의 죽음과 부활에 관해 알게 됩니다. 복음은 구원 계획과 세상을 복음화하라는 그리스도의 위대한 계명을 제시하고 있습니다. 나는 복음서를 사랑하고 나를 위해 쓰여진 것으로 믿지만, '나에게' 쓰여진 것은 아닙니다. 사도행전은 초대교회의 자세한 역사를 기록한 것입니다.

사도행전은 믿는 자들이 오순절날 성령세례를 받는 것과 당시에 어떻게 교회들이 세계로 뻗어나가며 세워지게 되었는지를 말하고 있습니다. 사도행전도 역시 나를 위해 기록된 것입니다만 나에게 기록된 것은 아닙니다. 그러나 서신들을 읽으면 이 편지들은 교회, 즉 거듭난 믿는 사람들과 주님의 가르침을 따라 날마다 살려고 애쓰던 사람들에게 쓰여진 것을 발견합니다. 이 편지들은 내가 이해할 필요가 있는 구체적인 가르침, 즉 내 자신의 상황에 사용할 수 있는 안내, 방향 지도, 교정 등을 제공하고 있습니다. 서신서들을 여러 번 읽으면서 나는 저자가 성령의 영감으로 감동을 받아 수세기를 뚫고 나에게 "이쪽으로 가거라! 이 예를 따르거라."라고 하면서 나의 길을 찾으려고 애쓰는 것을 내려다 보는 것 같은 느낌을 받았습니다.

서신서들이 우리에게 하는 말을 우리가 확실히 이해할 수 있도록 하기 위해서 몇몇 사도들은 그들의 편지가 원래의 수신자보다 더 폭넓은 독자들을 대상으로 하고 있다는 것을 강조하였습니다. 예를 들면, 고린도전서 1장 2절에서 바울은 이렇게 말하면서 편지를 시작했습니다. "고린도에 있는 하나님의 교회, 곧 그리스도 예수 안에서 거룩하여지고 성도라 부르심을 입은 자들과 또 각처에서 우리의 주 곧 저희와 우리의 주 되신 예수 그리스도의 이름을 부르는 모든 자들에게."

'각 처에서', '모든 자들'은 당신과 나를 포함하는 것입니다. '에베소에 있는 성도들에게' 보내는 그의 편지에 바울은 이런 말을 포함시켰습니다. "그리스도 예수 안에 있는 신실한 자들에게"(엡 1:1). 하나님께 감사합시다. 나는 신실하려고 애쓰고 있습니다. 당신은 그렇지 않습니까? 그러므로 이 편지는 나에게 쓴 것입니다. 야고보 사도는 그의 편지를 이렇게 시작했습니다. "흩어져 있는 열 두 지파에게…"(약 1:1).

베드로는 그의 편지 중 하나를 이렇게 시작했습니다. "예수 그리스도의 종이며 사도인 시몬 베드로는 우리 하나님과 구주 예수 그리스도의 의를 힘입어 동일하게 보배로운 믿음을 우리와 함께 받은 자들에게 편지하노니"(벧후 1:1).

그러므로 나에게 서신서들은 조금 더 특별한 것입니다. 그들의 가르침은 오늘날 그리스도의 몸의 지체가 된 사람들과도 특별한 관계가 있다고 느껴집니다. 나는 서신서들의 가르침이 항상 분명하게, 실수할 수 없도록 요점을 바로 지적하는 것을 발견했습니다. 나는 우리의 일반적인 주제인 돈과 드리는 것과 부요함과 관련하여 서신서들로부터 발견한 24개의 원칙들을 이 장에 기록했습니다. 사도들이 말씀을 통해 의미하고 있는 바는 너무나 쉽기 때문에 거의 언급할 필요성이 없습니다. 그러므로 여기 나오는 글은 성경 본문입니다. 때때로 나는 같은 말씀을 두고 두 개 이상의 다른 번역본이나 출판본을 비교하였습니다.

1. 믿는 자들이 하나님께 드리는 것은 본래 모두 하나님께로부터 온 것입니다.

"깊도다 하나님의 지혜와 지식의 풍성함이여, 그의 판단은 헤아리지 못할 것이며 그의 길은 찾지 못할 것이로다 누가 주의 마음을 알았느냐 누가 그의 모사가 되었느냐 누가 주께 먼저 드려서 갚으심을 받겠느냐"(롬 11:33-35)

35절을 몽고메리 역본은 "누가 먼저 하나님께 드려서 그 값을 돌려받겠느냐?"라고 했습니다. 이 말씀은 하나님께서 우리가 원하는 것을 우리에게 주도록 우리가 요구해서는 안 됨을 분명히 하고 있습니다. 하나님께서는 그의 은혜로우심으로 우리를 위해 모든 것을 이미 제공하셨습니다. 구약성경은 다윗이 얼마나 하나님을 위한 집 즉 성전을 짓는 것을 보기 원했는지 그리고 그가 자신의 재산과 이스라엘 백성들의 부요함으로부터 얼마나 방대한 헌금을 모았는지 말하고 있습니다. 그들은 엄청난 양의 금, 은, 보석과 그 일에 필요한 다른 자재들을 쌓아 두었습니다. 그리고 나서 다윗은 이 유창한 기도를 드렸습니다.

> "여호와여 위대하심과 권능과 영광과 승리와 위엄이 다 주께 속하였사오니 천지에 있는 것이 다 주의 것이로소이다 여호와여 주권도 주께 속하였사오니 주는 높으사 만물의 머리이심이니이다 부와 귀가 주께로 말미암고 또 주는 만물의 주재가 되사 손에 권세와 능력이 있사오니 모든 사람을 크게 하심과 강하게 하심이 주의 손에 있나이다 우리 하나님이여 이제 우리가 주께 감사하오며 주의 영화로운 이름을 찬양하나이다 나와 내 백성이 무엇이기에 이처럼 즐거운 마음으로 드릴 힘이 있었나이까 모든 것이 주께로 말미암았사오니 우리가 주의 손에서 받은 것으로 주께 드렸을 뿐이니이다 …… 우리 하나님 여호와여 우리가 주의 거룩한 이름을 위하여 성전을 건축하려고 미리 저축한 이 모든 물건이 다 주의 손에서 왔사오니 다 주의 것이니이다"(대상 29:11-14, 16)

고린도전서 10장 26절과 28절에서 바울은 "땅과 거기 충만한 것이 주의 것임이라"고 선언하고 있습니다. 구약과 신약 모두 하나님이 창조자와 그 모든 것들의 소유자임을 인정하고 있습니다. 하나님께 무엇을 드렸다고 그 사람이 교만하게 하나님께 그 대가로 무엇을 해줄 권리를 얻는 것은 아닙니다.

오히려 드리는 것은 우리가 무엇을 하나님께 드리든지 원래는 하나님께서 만드셔서 우리에게 주었던 것임을 인정하고 예배하는 마음으로 드려야할 것입니다. 그러므로 드릴 때의 바른 태도는 감사와 경배하는 태도입니다.

2. 어떤 믿는 자들은 특별한 '드리는 은혜' 안에서 드립니다.

> "우리에게 주신 은혜대로 받은 은사가 각각 다르니 혹 예언이면 믿음의 분수대로, 혹 섬기는 일이면 섬기는 일로, 혹 가르치는 자면 가르치는 일로, 혹 위로하는 자면 위로하는 일로, 구제하는 자는 성실함으로, 다스리는 자는 부지런함으로, 긍휼을 베푸는 자는 즐거움으로 할 것이니라"(롬 12:6-8)

이 직분들은 에베소서 4장에 열거된 사역의 직분들이 아닙니다. 오히려 이 직분들은 단지 믿는 자들이 각자의 주어진 분야에서 '더 많은 은혜'(extra grace)에 근거하여 발견하게 되는 특별한 경향일 뿐입니다.

예를 들면 하나님의 부르심을 받은 모든 믿는 자들은 긍휼히 여기는 마음이 있어야 합니다. 그렇지만 어떤 이들은 이 분야에 있어서 더 많은 은혜를 가지고 있습니다. 어떤 믿는 자들에게는 특별히 드리는데 있어서 특별한 은혜가 주어집니다. 그러나 그렇다고 모든 믿는 자들이 기본적으로 드리는 책임을 면제받는 것은 아닙니다.

3. 믿는 자들은 사업에 있어서 부지런하도록 부름 받았습니다.

"부지런하여 게으르지 말고 열심을 품고 주를 섬기라"(롬 12:11)

몽고메리 역은 이 구절을 이렇게 번역하고 있습니다. "네 부지런함 안에서 게으름이 없도록 하라…"(In your diligence be free from sloth…)

사도 바울도 이 중요한 주제를 다루고 있지만 특히 잠언은 모든 믿는 자에게 적용되는 권면으로 가득합니다. 믿는 자들이 자신의 인생의 의무를 다하는데 부지런하고 책임성이 없이는 부요케 될 것을 기대할 수 없습니다.

4. 믿는 자들은 그들의 재정적 의무에 대하여 책임을 지도록 부름 받았습니다.

"너희가 조세를 바치는 것도 이로 말미암음이라 그들이 하나님의 일꾼이 되어 바로 이 일에 항상 힘쓰느니라 모든 자에게 줄 것을 주되 조세를 받을 자에게 조세를 바치고 관세를 받을 자에게 관세를 바치고 두려워할 자를 두려워하며 존경할 자를 존경하라 피차 사랑의 빚 외에는 아무에게든지 아무 빚도 지지 말라 남을 사랑하는 자는 율법을 다 이루었느니라"(롬 13:6-8)

와이마우스 역은 8절을 이렇게 번역했습니다. "항상 다 갚을 수 없는 서로간의 사랑의 빚 이외에는 지불하지 않는 빚을 남겨 두지 말아라." (Leave no debt unpaid except the standing debt of mutual love.)

5. 믿는 자들은 그들에게 영적으로 복을 끼친 사람을 재정적으로 섬길 의무가 있습니다.

> "그러나 이제는 내가 성도를 섬기는 일로 예루살렘에 가노니 이는 마게도냐와 아가야 사람들이 예루살렘 성도 중 가난한 자들을 위하여 기쁘게 얼마를 연보하였음이라 저희가 기뻐서 하였거니와 또한 저희는 그들에게 빚진 자니 만일 이방인들이 그들의 영적인 것을 나눠 가졌으면 육적인 것으로 그들을 섬기는 것이 마땅하니라"(롬 15:25-27)

> "가르침을 받는 자는 말씀을 가르치는 자와 모든 좋은 것을 함께 하라"(갈 6:6)

필립스 역은 갈라디아서 6장 6절을 이렇게 번역했습니다. "그리스도인으로서 가르침을 받은 사람은 그를 가르치는 사람의 생활을 위해 기꺼이 도움을 주어야 합니다." (The man under Christian instruction should be willing to contribute toward the livelihood of his teacher.)

6. 사역자들은 사역에 종사하는 그의 일로 말미암아 재정적으로 지원 받을 권리를 가지고 있습니다.

"우리가 먹고 마실 권리가 없겠느냐 우리가 다른 사도들과 주의 형제들과 게바와 같이 믿음의 자매 된 아내를 데리고 다닐 권리가 없겠느냐 어찌 나와 바나바만 일하지 아니할 권리가 없겠느냐 누가 자기 비용으로 군 복무를 하겠느냐 누가 포도를 심고 그 열매를 먹지 않겠느냐 누가 양 떼를 기르고 그 양 떼의 젖을 먹지 않겠느냐 내가 사람의 예대로 이것을 말하느냐 율법도 이것을 말하지 아니하느냐 모세의 율법에 곡식을 밟아 떠는 소에게 망을 씌우지 말라 기록하였으니 하나님께서 어찌 소들을 위하여 염려하심이냐 오로지 우리를 위하여 말씀하심이 아니냐 과연 우리를 위하여 기록된 것이니 밭 가는 자는 소망을 가지고 갈며 곡식 떠는 자는 함께 얻을 소망을 가지고 떠는 것이라 우리가 너희에게 신령한 것을 뿌렸은즉 너희의 육적인 것을 거두기로 과하다 하겠느냐 다른 이들도 너희에게 이런 권리를 가졌거든 하물며 우리일까보냐 그러나 우리가 이 권리를 쓰지 아니하고 범사에 참는 것은 그리스도의 복음에 아무 장애가 없게 하려 함이로다 성전의 일을 하는 이들은 성전에서 나는 것을 먹으며 제단에서 섬기는 이들은 제단과 함께 나누는 것을 너희가 알지 못하느냐 이와 같이 주께서도 복음 전하는 자들이 복음으로 말미암아 살리라 명하셨느니라 그러나 내가 이것을 하나도 쓰지 아니하였고 또 이 말을 쓰는 것은 내게 이같이 하여 달라는 것이 아니라 내가 차라리 죽을지언정 누구든지 내 자랑하는 것을 헛된 데로 돌리지 못하게 하리라"(고전 9:4-15)

사역자들은 재정적으로 후원을 받을 권리가 있다는 것을 바울이 강조하고 있는 것에 주의하십시오. 한번의 특별한 상황에서 바울은 이 권리를 남용한다고 비난받는 것보다는 차라리 이 권리를 포기하는 편을 택했지만 그는 그와 다른 사역자들이 후원을 받을 자격이 있다는 것을 분명히 하고 있습니다.

"잘 다스리는 장로들은 배나 존경할 자로 알되 말씀과 가르침에 수고하는 이들에게는 더욱 그리할 것이니라 성경에 일렀으되 곡식을 밟아 떠는 소의 입에 망을 씌우지 말라 하였고 또 일꾼이 그 삯을 받는 것은 마땅하다 하였느니라"(딤전 5:17-18)

윌리암스 역은 17절을 이렇게 번역했습니다. "자기 의무를 잘 하는 장로들 특별히 설교하는 일과 가르치는 일에 수고하는 장로들은 그들이 받는 봉급 두 배를 받을 자격이 있는 사람으로 간주되어야 합니다." (Elders who do their duties well should be considered as deserving twice the salary they get, especially those who keep on toiling in preaching and teaching.)

7. 믿는 사람들이 드리는 것은 사랑이 동기가 되어야 합니다.

"내가 내게 있는 모든 것으로 구제하고 또 내 몸을 불사르게 내어 줄지라도 사랑이 없으면 내게 아무 유익이 없느니라"(고전 13:3)

현대어 역은 이렇게 번역했습니다. "내가 나의 모든 소유물을 주어서 굶주린 사람들을 먹이고 나의 몸을 불태워 내어 준다하더라도, 내게 사랑이 없다면 나에겐 아무 유익도 없습니다."

8. 그리스도인들은 일관되고 체계적으로 드리는 것을 실천해야 합니다.

"성도를 위하는 연보에 관하여는 내가 갈라디아 교회들에게 명한 것 같이 너희도 그렇게 하라 매주 첫날에 너희 각 사람이 수입에 따라 모아 두어서 내가 갈 때에 연보를 하지 않게 하라" (고전 16:1-2)

놀리 역에 의하면 2절에서 각 사람은 "그 사람의 재정적 능력에 따라" 드려야 함을 강조하고 있습니다. 리빙 바이블은 이렇게 번역했습니다. "얼마를 드릴 것인가는 주님께서 당신이 수입을 얻을 수 있도록 얼마나 도와 주셨느냐에 달려 있습니다." (The amount depends on how much the Lord has helped you earn.)

9. 드리는 것은 매우 어려운 환경 가운데서도 실천할 수 있는 '은혜'입니다. 드리는 것은 당신의 삶이 얼마나 하나님께 드려졌나를 나타내며, 또한 예수 그리스도와 그의 모범 안에 얼마나 뿌리박혀 있는 지의 표현입니다.

"형제들아 하나님께서 마게도냐 교회들에게 주신 은혜를 우리가 너희에게 알리노니 환난의 많은 시련 가운데서 그들의 넘치는 기쁨과 극심한 가난이 그들의 풍성한 연보를 넘치도록 하게 하였느니라 내가 증언하노니 그들이 힘대로 할 뿐 아니라 힘에 지나도록 자원하여 이 은혜와 성도 섬기는 일에 참여함에 대하여 우리에게 간절히 구하니 우리가 바라던 것뿐 아니라 그들이 먼저 자신을 주께 드리고 또 하나님의 뜻을 따라 우리에게 주었도다 그러므로 우리가 디도를 권하여 그가 이미 너희 가운데서 시작하였은즉 이 은혜를 그대로 성취하게 하라 하였노라 오직 너희는 믿음과 말과 지식과 모든 간절함과 우리를 사랑하는 이 모든 일에 풍성한 것 같이 이 은혜에도 풍성하게 할지니라 내가 명령으로 하는 말이 아니요 오직 다른 이들의 간절함을 가지고 너희의 사랑의 진실함을 증명하고자 함이로라 우리 주 예수 그리스도의 은혜를 너희가 알거니와 부요하신 이로서 너희를 위하여 가난하게 되심은 그의 가난함으로 말미암아 너희를 부요하게 하려 하심이라"(고후 8:1-9)

뉴 잉글리시 바이블은 2절을 이렇게 번역하였습니다. "그들이 겪은 어려움이 그들을 잘 연단하였으나 이 모든 어려움 가운데 그들은 가난의 밑바닥에서도 넘치는 기쁨으로 드림으로 그들의 아낌없이 베푸는 손길을 보여 주었습니다."

10. 하나님께서는 우리 모두가 자신의 몫을 감당함으로써 드리는데 있어서 '우리의 짐을 지기'를 원하십니다.

"이제 너희의 넉넉한 것으로 그들의 부족한 것을 보충함은 후에 그들의 넉넉한 것으로 너희의 부족한 것을 보충하여 균등하게 하려 함이라 기록된 것 같이 많이 거둔 자도 남지 아니하였고 적게 거둔 자도 모자라지 아니하였느니라"(고후 8:14-15)

여기서 바울은 부요한 그리스도인들이 어려움을 당하고 있는 그리스도인들을 도와주는 문제를 특별히 언급하고 있습니다. 그러나 평등의 개념을 다르게 적용할 수도 있습니다. 하나님께서는 교회의 모든 사람들이 각자의 몫을 감당하기를 원하십니다.

불행하게도 많은 교회에서는 소수의 신실한 사람들만이 드릴 능력이 있음에도 무임승차를 하고 있는 다른 사람들의 재정적인 짐을 다 담당하고 있습니다. 수입이 다르기 때문에 사람들은 드리는 액수는 다르지만 하나님께서는 교회의 모든 사람들에게 똑같은 헌신을 원하십니다.

11. 사역자들은 교회의 재정을 다룰 때 윤리적으로 흠이 없어야 합니다.

> "이것을 조심함은 우리가 맡은 이 거액의 연보에 대하여 아무도 우리를 비방하지 못하게 하려 함이니 이는 우리가 주 앞에서뿐 아니라 사람 앞에서도 선한 일에 조심하려 함이라"(고후 8:20-21)

뉴 잉글리시 바이블은 20절을 이렇게 번역하였습니다. "우리는 이 관대한 선물을 다룸에 있어서 어떤 비난도 받지 않으려고 조심합니다." (We want guard against any criticism of our handling of this generous gift.)

뉴 인터내셔널 역은 이렇게 번역하였습니다. "우리는 주님의 눈에 뿐만 아니라 사람들의 눈에도 옳은 일을 하려고 모든 수고를 아끼지 않습니다." (For we are taking pains to do what is right, not only in the eyes of the Lord but also in the eyes of men.)

12. 바울은 심고 거두는 법을 분명하게 가르칩니다.

"이것이 곧 적게 심는 자는 적게 거두고 많이 심는 자는 많이 거둔다 하는 말이로다 각각 그 마음에 정한 대로 할 것이요 인색함으로나 억지로 하지 말지니 하나님은 즐겨 내는 자를 사랑하시느니라 하나님이 능히 모든 은혜를 너희에게 넘치게 하시나니 이는 너희로 모든 일에 항상 모든 것이 넉넉하여 모든 착한 일을 넘치게 하게 하려 하심이라"(고후 9:6-8)

20세기 신약 역본은 8절을 이렇게 번역하였습니다. "하나님은 여러분들에게 모든 복을 부으실 능력을 가지고 계십니다. 그리하여 어떤 상황 아래서나 모든 경우에나 어떤 필요가 있든지 당신이 이 모든 복을 다른 사람들에게 쏟아 부을 수 있도록 하기 위해서입니다." (God has power to shower all kinds of blessings upon you, so that, having, under all circumstances and on all occasions, all that you can need, you may be able to shower all kinds of be nefits upon others.)

심고 거두는 법을 가르치는 다른 성경 구절도 있습니다.

"스스로 속이지 말라 하나님은 업신여김을 받지 아니하시나니 사람이 무엇으로 심든지 그대로 거두리라 자기의 육체를 위하여 심는 자는 육체로부터 썩어진 것을 거두고 성령을 위하여 심는 자는 성령으로부터 영생을 거두리라 우리가 선을 행하되 낙심하지 말지니 포기하지 아니하면 때가 이르매 거두리라"(갈 6:7-9)

"그러나 너희가 내 괴로움에 함께 참여하였으니 잘하였도다 빌립보 사람들아 너희도 알거니와 복음의 시초에 내가 마게도냐를 떠날 때에 주고 받는 내 일에 참여한 교회가 너희 외에 아무도 없었느니라 데살로니가에 있을 때에도 너희가 한 번뿐 아니라 두 번이나 나의 쓸 것을 보내었도다 내가 선물을 구함이 아니요 오직 너희에게 유익하도록 풍성한 열매를 구함이라 내게는 모든 것이 있고 또 풍부한지라 에바브로디도 편에 너희가 준 것을 받으므로 내가 풍족하니 이는 받으실 만한 향기로운 제물이요 하나님을 기쁘시게 한 것이라 나의 하나님이 그리스도 예수 안에서 영광 가운데 그 풍성한 대로 너희 모든 쓸 것을 채우시리라"
(빌 4:14-19)

13. 바울은 돈이 아니라 사람들의 영혼을 구했습니다.

"보라 내가 이제 세 번째 너희에게 가기를 준비하였으나 너희에게 폐를 끼치지 아니하리라 내가 구하는 것은 너희의 재물이 아니요 오직 너희니라 어린 아이가 부모를 위하여 재물을 저축하는 것이 아니요 부모가 어린 아이를 위하여 하느니라 내가 너희 영혼을 위하여 크게 기뻐하므로 재물을 사용하고 또 내 자신까지도 내어 주리니 너희를 더욱 사랑할수록 나는 사랑을 덜 받겠느냐 하여간 어떤 이의 말이 내가 너희에게 짐을 지우지는 아니하였을지라도 교활한 자가 되어 너희를 속임수로 취하였다 하니 내가 너희에게 보낸 자 중에 누구로 너희의 이득을 취하더냐 내가 디도를 권하고 함께 한 형제를 보내었으니 디도가 너희의 이득을 취하더냐 우리가 동일한 성령으로 행하지 아니하더냐 동일한 보조로 하지 아니하더냐"(고후 12:14-18)

14. 바울은 가난한 사람들에게 주는 데 열심이었습니다.

"또 기둥 같이 여기는 야고보와 게바와 요한도 내게 주신 은혜를 알므로 나와 바나바에게 친교의 악수를 하였으니 우리는 이방인에게로, 그들은 할례자에게로 가게 하려 함이라 다만 우리에게 가난한 자들을 기억하도록 부탁하였으니 이것은 나도 본래부터 힘써 행하여 왔노라"(갈 2:9-10)

15. 바울과 요한은 믿는 형제들 간에 사랑을 나누도록 격려하였습니다.

"그러므로 우리는 기회 있는 대로 모든 이에게 착한 일을 하되 더욱 믿음의 가정들에게 할지니라"(갈 6:10)

"누가 이 세상 재물을 가지고 형제의 궁핍함을 보고도 도와 줄 마음을 막으면 하나님의 사랑이 어찌 그 속에 거할까 보냐 자녀들아 우리가 말과 혀로만 사랑하지 말고 오직 행함과 진실함으로 하자"(요일 3:17-18)

16. 바울은 노동 윤리를 강하게 가르쳤으며 본을 보였습니다.

"도둑질하는 자는 다시 도둑질하지 말고 돌이켜 가난한 자에게 구제할 수 있도록 자기 손으로 수고하여 선한 일을 하라"(엡 4:28)

"종들아 모든 일에 육신의 상전들에게 순종하되 사람을 기쁘게 하는 자와 같이 눈가림만 하지 말고 오직 주를 두려워하여 성실한 마음으로 하라 무슨 일을 하든지 마음을 다하여 주께 하듯 하고 사람에게 하듯 하지 말라 이는 유업의 상을 주께 받을 줄 앎이니 너희는 주 그리스도를 섬기느니라"(골 3:22-24)

"형제들아 우리의 수고와 애쓴 것을 너희가 기억하리니 너희 아무에게도 누를 끼치지 아니하려고 밤과 낮으로 일하면서 너희에게 하나님의 복음을 전파하였노라"(살전 2:9)

"또 너희에게 명한 것같이 종용하여 자기 일을 하고 너희 손으로 일하기를 힘쓰라 이는 외인을 대하여 단정히 행하고 또한 아무 궁핍함이 없게 하려 함이라"(살전 4:11-12)

"누구에게서든지 양식을 값없이 먹지 않고 오직 수고하고 애써 주야로 일함은 너희 아무에게도 누를 끼치지 아니하려 함이니 우리에게 권리가 없는 것이 아니요 오직 스스로 너희에게 본을 주어 우리를 본받게 하려 함이니라 우리가 너희와 함께 있을 때에도 너희에게 명하기를 누구든지 일하기 싫어하거든 먹지도 말게 하라 하였더니 우리가 들은즉 너희 가운데 규모 없이 행하여 도무지 일하지 아니하고 일만 만드는 자들이 있다 하니 이런 자들에게 우리가

명하고 주 예수 그리스도 안에서 권하기를 종용히 일하여 자기 양
식을 먹으라 하노라"(살후 3:8-12)

17. 바울은 자족하기를 주장하고 탐욕을 부리는 것을 비난했습니다.

"내가 궁핍하므로 말하는 것이 아니라 어떠한 형편에든지 내가 자족하기를 배웠노니 내가 비천에 처할 줄도 알고 풍부에 처할 줄도 알아 모든 일에 배부르며 배고픔과 풍부와 궁핍에도 일체의 비결을 배웠노라 내게 능력 주시는 자 안에서 내가 모든 것을 할 수 있느니라"(빌 4:11-13)

"돈을 사랑치 말고 있는 바를 족한 줄로 알라 그가 친히 말씀하시기를 내가 과연 너희를 버리지 아니하고 과연 너희를 떠나지 아니하리라 하셨느니라"(히 13:5)

"미쁘다 이 말이여, 사람이 감독의 직분을 얻으려 하면 선한 일을 사모한다 함이로다 그러므로 감독은 책망할 것이 없으며 한 아내의 남편이 되며 절제하며 근신하며 아담하며 나그네를 대접하며 가르치기를 잘하며 술을 즐기지 아니하며 구타하지 아니하며 오직 관용하며 다투지 아니하며 돈을 사랑치 아니하며 이와 같이 집사들도 단정하고 일구 이언을 하지 아니하고 술에 인박이지 아니하고 더러운 이를 탐하지 아니하고"(딤전 3:1-3, 8)

"감독은 하나님의 청지기로서 책망할 것이 없고 제 고집대로 하지 아니하며 급히 분내지 아니하며 술을 즐기지 아니하며 구타하지 아니하며 더러운 이득을 탐하지 아니하며"(딛 1:7)

탐심의 거짓말은 '돈이 조금만 더 있으면' 이나 '내게 이것만 있으면 행복하겠는데' 라고 말합니다. 그러나 자족하는 마음은 '예수 그리스도 때문에 나는 어떤 상황에서도 행복합니다' 라고 말합니다.

18. 바울은 각자가 자기 가족을 돌볼 책임이 있음을 강조하였습니다.

"누구든지 자기 친족 특히 자기 가족을 돌보지 아니하면 믿음을 배반한 자요 불신자보다 더 악한 자니라"(딤전 5:8)

19. 믿는 사람들은 돈을 사랑하거나 신뢰하지 않아야 합니다.

"마음이 부패하여지고 진리를 잃어버려 경건을 이익의 재료로 생각하는 자들의 다툼이 일어나느니라 그러나 지족하는 마음이 있으면 경건이 큰 이익이 되느니라 우리가 세상에 아무것도 가지고 온 것이 없으매 또한 아무것도 가지고 가지 못하리니 우리가 먹을 것과 입을 것이 있은즉 족한 줄로 알 것이니라 부하려 하는 자들은 시험과 올무와 여러 가지 어리석고 해로운 정욕에 떨어지나니 곧 사람으로 침륜과 멸망에 빠지게 하는 것이라 돈을 사랑함이 일만 악의 뿌리가 되나니 이것을 사모하는 자들이 미혹을 받아 믿음에서 떠나 많은 근심으로써 자기를 찔렀도다 네가 이 세대에 부한 자들을 명하여 마음을 높이지 말고 정함이 없는 재물에 소망을 두지 말고 오직 우리에게 모든 것을 후히 주사 누리게 하시는 하나님께 두며 선한 일을 행하고 선한 사업에 부하고 나눠 주기를 좋아하며 동정하는 자가 되게 하라 이것이 장래에 자기를 위하여 좋은 터를 쌓아 참된 생명을 취하는 것이니라"(딤전 6:5-10, 17-19)

20. 많은 초대교회의 성도들은 그들이 소유한 물질보다 믿음을 훨씬 귀하게 여겼습니다.

"전날에 너희가 빛을 받은 후에 고난의 큰 싸움을 견디어 낸 것을 생각하라 혹은 비방과 환난으로써 사람에게 구경거리가 되고 혹은 이런 형편에 있는 자들과 사귀는 자가 되었으니 너희가 갇힌 자를 동정하고 너희 소유를 빼앗기는 것도 기쁘게 당한 것은 더 낫고 영구한 소유가 있는 줄 앎이라"(히 10:32-34)

윌리암스 역은 34절을 이렇게 번역했습니다. "너희들의 재산을 약탈하는 자에게 기쁜 마음으로 내어 주었으니 이는 영원한 것으로 천국에 너희들의 것이 있음을 알고 있었기 때문이라."

21. 믿는 자들은 부요함에 근거하여 편을 들어주거나 특별한 호의를 베푸는 등의 행위를 하지 않도록 강한 경고를 받았습니다.

"내 형제들아 영광의 주 곧 우리 주 예수 그리스도를 믿는 믿음을 너희가 받았으니 사람을 외모로 취하지 말라 만일 너희 회당에 금가락지를 끼고 아름다운 옷을 입은 사람이 들어오고 또 더러운 옷을 입은 가난한 사람이 들어올 때에 너희가 아름다운 옷을 입은 자를 돌아보아 가로되 여기 좋은 자리에 앉으소서 하고 또 가난한 자에게 이르되 너는 거기 섰든지 내 발등상 아래 앉으라 하면 너희끼리 서로 구별하며 악한 생각으로 판단하는 자가 되는 것이 아니냐 내 사랑하는 형제들아 들을지어다 하나님이 세상에 대하여는 가난한 자를 택하사 믿음에 부요하게 하시고 또 자기를 사랑하는 자들에게 약속하신 나라를 유업으로 받게 아니하셨느냐 너희는 도리어 가난한 자를 괄시하였도다 부자는 너희를 압제하며 법정으로 끌고 가지 아니하느냐 저희는 너희에게 대하여 일컫는 바 그 아름다운 이름을 훼방하지 아니하느냐"(약 2:1-7)

22. 부자가 가난한 사람들을 착취하는 것은 정죄 받습니다.

"들으라 부한 자들아 너희에게 임할 고생을 인하여 울고 통곡하라 너희 재물은 썩었고 너희 옷은 좀먹었으며 너희 금과 은은 녹이 슬었으니 이 녹이 너희에게 증거가 되며 불같이 너희 살을 먹으리라 너희가 말세에 재물을 쌓았도다 보라 너희 밭에 추수한 품꾼에게 주지 아니한 삯이 소리지르며 추수한 자의 우는 소리가 만군의 주의 귀에 들렸느니라 너희가 땅에서 사치하고 연락하여 도살의 날에 너희 마음을 살지게 하였도다 너희가 옳은 자를 정죄하였도다 또 죽였도다 그는 너희에게 대항하지 아니하였느니라"(약 5:1-6)

23. 사역자들이 성도를 이용하여 이익을 꾀하는 것은 정죄 받습니다.

"여럿이 저희 호색하는 것을 좇으리니 이로 인하여 진리의 도가 훼방을 받을 것이요 저희가 탐심을 인하여 지은 말을 가지고 너희로 이를 삼으니 저희 심판은 옛적부터 지체하지 아니하며 저희 멸망은 자지 아니하느니라"(벧후 2:2-3)

필립스역은 2절을 이렇게 번역하였습니다. "많은 사람들이 그들의 해로운 가르침을 따르므로 진리의 길에 불신을 가져오게 될 것입니다" 3절을 번역한 다른 역본도 참고하십시오.

"탐심이 동기가 되어 그들은 그들의 위장된 논증으로 당신을 착취할 것입니다." (Motivated by greed, they will exploit you with their counterfeit arguments) (현대어번역)

"그들은 탐심으로 말미암아 조작함으로 당신을 이익의 수단으로 만들 것입니다." (In their covetousness they will try to make you a source of profit by their fabrications) (20세기 신약번역)

"탐심으로 말미암아 그들이 만들어낸 메시지로 당신을 착취할 것입니다." (In their greed they will exploit you with messages man ufactured by themselves.) (윌리암번역)

"이런 교사들은 그들의 탐심 때문에 당신들의 돈을 빼앗기 위해서는 무슨 말이든지 할 것입니다." (These teachers in their greed will tell you anything to get hold of your money.) (TLB)

베드로후서 2장은 이 주제에 관해 이렇게 기록하고 있습니다.

"그러나 이 사람들은 본래 잡혀 죽기 위하여 난 이성 없는 짐승 같아서 그 알지 못한 것을 훼방하고 저희 멸망 가운데서 멸망을 당하며 불의의 값으로 불의를 당하며 낮에 연락을 기쁘게 여기는 자들이니 점과 흠이라 너희와 함께 연회할 때에 저희 간사한 가운데 연락하며 음심이 가득한 눈을 가지고 범죄하기를 쉬지 아니하고 굳

세지 못한 영혼들을 유혹하며 탐욕에 연단된 마음을 가진 자들이니 저주의 자식이라 저희가 바른 길을 떠나 미혹하여 브올의 아들 발람의 길을 좇는도다 그는 불의의 삯을 사랑하다가 자기의 불법을 인하여 책망을 받되 말 못하는 나귀가 사람의 소리로 말하여 이 선지자의 미친 것을 금지하였느니라"(벧후 2:12-16)

24. 하나님은 하나님의 자녀들이 부요케 되기를 원하십니다.

"사랑하는 자여 네 영혼이 잘 됨같이 네가 범사에 잘 되고 강건하기를 내가 간구하노라"(요삼 2절)

와이마우스 역본은 이 구절을 이렇게 번역하였습니다. "사랑하는 자여, 나는 당신이 모든 면에서 부요케 되고 그것들을 또 잘 지켜나가기를 기도합니다." (Dearly loved one, I pray that you may in all respects prosper and keep well.)

20세기 신약 역본은 이렇게 번역하였습니다. "사랑하는 친구여, 나는 당신이 모든 일에 잘되고 또 건강을 누리기를 기도합니다." (Dear friend I pray that all may be well with you and that you may have good health.)

내가 이 책의 1장에서 언급하였듯이 어떤 사람들은 '당신이 부요케 되고'(that thou mayest prosper)가 재정적인 부요함을 언급하는 것이 아니라고 주장합니다. 웨스트의 '신약 어휘 연구'(Wuest's Word studies in the New Testament)와 로

벗슨의 '신약 어휘 그림'(Robertson's Word pictures in the New Testament)에 의하면 그리스어로 '부요케 되라' (prospereth)로 번역된 'euodoo'는 좋은 길 혹은 좋은 여행을 의미합니다. 그러므로 적어도 이 구절은 좋고 형통한 여행을 하는 것을 의미합니다.

그러나 만일 돈이 떨어지고 부족하고 가난하다면 어느 누구도 좋고 형통한 여행을 할 수 없습니다. 누군가가 형통하는 여행을 원한다면 당연히 안전하고 편안하게 여행할 만한 돈을 생각하지 않겠습니까? 뿐만 아니라 여기에 '부요케 되라' (prosper)로 번역된 단어는 그리스어로서 바울이 고린도전서 16장 2절에서 믿는 자들이 매주 '하나님께서 그들을 형통케 하는 대로'(prospered them) 돈을 얼마씩 따로 모아 놓기를 지시할 때 사용했던 단어입니다.

그러므로 형통하다란 단어는 의심할 바 없이 재정적 부요함과 연관되어 사용되었고 현재도 그렇게 사용되고 있습니다. 나는 이 구절이 하나님께서 그의 자녀들이 물질적으로, 육체적으로, 영적으로 부요케 되기를 원한다는 것을 나타내고 있다고 믿습니다. 서신서들로부터 뽑아놓은 이 성경의 원칙들이 여러분들에게 도움이 되고 격려가 되기를 기도합니다. 당신 스스로 주의를 기울여서 연구하고 자주 참고하기를 촉구합니다. 서신서들은 당신을 위해서 기록되었음을 기억하십시오!

제 9 장

빛 가운데로 걸어가기
(Walking In The Light)

　이 책에서 나는 나의 사역을 통해 성경적인 부요함에 관해 배운 교훈들을 나누었습니다. 나는 이 주제에 관하여 건전하고, 실제적이며, 균형잡힌 접근을 시도했으며 내가 여기 말한 모든 것은 하나님의 말씀의 굳건한 기초에 근거한 것입니다.

　내가 이 책을 쓴 목적은 나의 심령을 다하여 믿고 있는 진리인 성경적인 부요함에 관한 진리를 여러분이 분별할 수 있도록 하기 위함입니다. 성경이 옳고 진리라고 말하고 있는 것을 사랑의 영으로 말함으로써 나는 모든 믿는 자들이 하나님의 귀한 약속들을 자기의 것으로 주장하고 잘못이나 극단주의 등 도로의 양쪽에 있는 혼란에 빠지는 것을 피할 수 있도록 돕기 원합니다.

　하나님께서 실제로 내가 '땅의 아름다운 소산을 먹기'(사 1:19)를 원하신다는 것을 배우기 전, 사역 초기에는 나도 부족함과 가난의 제약 아래 어려움 속에 살았습니다. 그러나 나는 나를 향한 하나님의 약속은 나의 모든 존재, 즉 영적, 육체적, 물질적, 그리고 재정적으로 내가 번성하고 잘되는 것이라는 것을 발견하였습니다.

오해하고 있는 부분을 분명히 하고 조명을 확실히 하기 위해서 우리는 3장에서 예수님의 지상의 삶이 가난한 것이었는지 부요한 것이었는지 자세히 살펴 보았고, 그리하여 예수님께서 궁핍하고 실패한 상태로 사시지 않았다는 것을 증거하는 확실한 성경적 사실을 찾을 수 있었습니다. 주님은 부요한 삶을 사심으로써 하나님의 일을 하고 하나님의 뜻을 이룰 수 있는데 필요한 모든 자원을 항상 가지고 계셨습니다.

우리는 또한 부요함의 목적이라는 아주 중요한 주제를 공부하는데 한 장 전부를 할애하였습니다.

모든 믿는 자들은 '위대한 사명', 즉 온 세상에 있는 모든 피조물에게 복음을 전파할 책임을 지도록 되어 있습니다. 우리는 우리 스스로 가거나 우리 대신 다른 사람들이 갈 수 있도록 도와야 합니다. 이는 어느 경우든지 상당한 자원이 요구됩니다. 그러나 가거나 보내는 것이 바로 진정한 부요함의 목적입니다.

하나님의 사람들을 위한 하나님의 계획에는 인력을 구비하고 그를 더 힘있게 하여 하나님의 일을 하고 승리하며 살 수 있도록 하는 것이 포함되어 있습니다.

우리는 심고 거두는 법칙과 십일조에 대한 불변하는 진리와 드리는 것에 관한 수많은 타당하고 훌륭한 이유들을 살펴보았습니다. 이것들은 인생을 성공과 승리를 위한 삶을 위한 방향으로 변화시키는 원칙들입니다.

지역교회와 사역자들의 사역을 적절히 후원하는 것과 후원을 구하고 있는 하나님의 사람들이 가져야 할 책임성 등과 같은 중요한 주제들을 우리는 점검해 보았습니다. 이 모든 것은 하나님의 말씀에 정확하게 다루어져 있습니다. 주님의 가르침을 정직하게 구하는 사람 누구에게나 이런 지식은 준비되어 있습니다.

5장에서는 그리스도의 몸에 혼란과 오해를 가져왔던 몇몇 특별한 문제들과 관심사를 다루었습니다. 나의 접근 방법은 누구를 공격하거나 잘못을 지적하려는 것이 아닙니다.

나는 도로의 한 쪽이나 다른 한 쪽에 빠져있는 사람들이 꼭 나쁜 사람들은 아니라는 것을 여러번 발견하였습니다. 그들은 흔히 그들의 열심으로 그들의 지혜보다 앞서다보니 도로의 중심을 벗어난 것이었습니다.

나는 이 책에서 성경의 분명하고 구체적인 가르침을 분명히 범하고 있는 남용과 잘못된 관행에 대해 다루었습니다. 하나님의 말씀은 분명합니다. 잘못에 대한 유일한 답은 진리뿐입니다. 예수님은 말씀하셨습니다. "진리를 알지니 진리가 너희를 자유케 하리라"(요 8:32).

나는 이 책 전부를 통해서 하나님의 말씀 전체를 제시함으로써 건전한 가르침을 주고 가르침의 균형을 유지하는 것을 강조하려고 애썼습니다. 내가 연구한 것과 발견한 것 외에도 나는 내가 수년동안 흠모하고 존경해 왔던 몇몇 위대한 하나님의 사람들의 지혜와 경험도 제시했습니다.

이 책에서 가장 중요한 부분은 7장입니다. 7장은 돈과 드림 그리고 부요함에 관하여 서신서로부터 나온 24개의 원칙들을 제시하고 있습니다. 여러분들은 이 성경의 원리들을 반복해서 읽고 연구하고 싶어질 것입니다. 나는 여러분이 여러분의 성경에 표시를 해 둘 뿐 아니라 많은 구절들을 암송하기 원합니다.

내가 이 책을 통해 당신을 위해 할 수 있는 가장 중요하고 좋은 것은 당신을 예수님께로 안내하는 것입니다. 아직도 의심이나 오해로 갈등하고 있거나, 당신이 도로의 한 쪽 도랑에 빠져 있는 것 같은 느낌이 들거나, 더 자세한 안내와 인도를 받을 필요가 있다면 예수님을 만나십시오. 그 분이 바로 당신의 해답입니다!

예수님은 말씀하셨습니다. "예수께서 또 일러 가라사대 나는 세상의 빛이니 나를 따르는 자는 어두움에 다니지 아니하고 생명의 빛을 얻으리라"(요 8:12).

하나님께서는 당신이 승리와 능력의 삶을 사는데 필요한 모든 정보와 지식을 소유하기를 원하십니다. 하나님은 그의 말씀에 이렇게 말씀하셨습니다. "너는 내게 부르짖으라 내가 네게 응답하겠고 네가 알지 못하는 크고 비밀한 일을 네게 보이리라"(렘 33:3).

나는 당신에게 바로 오늘 주님을 부르라고 권면합니다. 당신이 하나님의 말씀에 대해 알고 이해할 수 있게 하나님께서 도와주시도록 허락하십시오. 하나님의 말씀의 빛은 부요함뿐만 아니라 삶의 모든 분야에 있어서 당신이 균형을 잡도록 도와줄 것입니다.

믿음의 말씀사 출판물

믿음의말씀사에서 발행되는 모든 도서는 본사에서 직영판매하며,
본사 대표전화 또는 홈페이지를 통해서 구입이 가능합니다.
구입문의 : 031-8005-5483 / 5493   http://faithbook.kr

케네스 해긴의 「믿음 도서관」 책들   케네스 해긴 지음·김진호 옮김

- 믿는 자의 권세 (생애기념판) | 양장본 신국판 264p / 값 13,000원
- 당신이 알아야 하는 신유에 관한 일곱 가지 원리 | 국판 112p / 값 5,000원
- 기도의 기술 | 국판 208p / 값 7,000원
- 인간의 세 가지 본성 (증보판) | 국판 128p / 값 5,500원
- 어떻게 하나님의 영으로 인도받을 수 있는가? (생애기념판) | 국판 272p / 값 10,000원
- 믿음의 계단 | 국판 240p / 값 8,500원
- 마이더스 터치 | 국판 272p / 값 10,000원
- 당신을 향한 하나님의 계획 | 국판 256p / 값 8,500원
- 하나님 가족의 특권 | 국판 176p / 값 6,500원
- 나는 환상을 믿습니다 | 국판 208p / 값 7,000원
- 하나님의 계획과 목적과 추구 | 국판 224p / 값 8,000원
- 역사하는 기도 | 국판 256p / 값 9,000원
- 병을 고치는 하나님의 말씀 | 국판 184p / 값 7,000원
- 영적 성장 | 국판 192p / 값 7,000원
- 치유의 기름부음 | 국판 336p / 값 10,000원
- 크게 성장하는 믿음 | 국판 160p / 값 6,000원
- 신선한 기름부음 | 국판 176p / 값 7,000원
- 예수 열린 문 | 국판 216p / 값 8,000원
- 믿음이란 무엇인가 | 국판 64p / 값 2,500원
- 진짜 믿음 | 국판 56p / 값 2,000원
- 기름부음의 이해 | 국판 256p / 값 9,000원
- 그리스도께서 지금 하고 계시는 일 | 국판 64p / 값 2,500원
- 승리하는 교회 | 신국판 496p / 값 15,000원
- 믿음의 양식 | 국판 384p / 값 13,000원
- 조에 | 국판 96p / 값 4,000원
- 그리스도의 선물 | 신국판 368p / 값 12,000원
- 믿음이 흔들리고 패배한 것 같을 때 승리를 얻는 법 | 신국판 160p / 값 7,000원
- 충분하고도 넘치는 하나님 엘 샤다이 | 국판 64p / 값 2,500원
- 하나님의 말씀 : 모든 것을 고치는 치료제 | 국판 72p / 값 3,000원
- 믿음의 선한 싸움을 싸우는 법 | 국판 200p / 값 7,000원
- 내주하시는 성령 임하시는 성령 | 국판 256p / 값 9,000원

- 방언 | 신국판 384p / 값 12,000원
- 재정적인 번영에 대한 성경적 열쇠들 | 국판 240p / 값 9,000원
- 금식에 관한 상식 | 국판 64p / 값 2,500원
- 가족을 섬기는 법 | 국판 72p / 값 3,000원
- 여성에 관한 질문들 | 국판 112p / 값 5,000원
- 몸의 치유와 속죄 | T.J.맥크로산 지음 · 로이 힉스, 케네스 해긴 개정 / 국판 168p / 값 6,000원
- 그리스도 안에서 | 문고판 48p / 값 1,000원
- 새로운 탄생 | 문고판 48p / 값 1,000원
- 방언기도의 능력을 풀어 놓으라 | 문고판 64p / 값 1,200원
- 재정 분야의 순종 | 문고판 48p / 값 1,000원
- 말 | 문고판 64p / 값 1,200원
- 나는 지옥에 갔다 왔습니다 | 문고판 48p / 값 1,000원
- 하나님의 처방약 | 문고판 64p / 값 1,200원
- 더 좋은 언약 | 문고판 48p / 값 1,000원
- 옳은 사고방식 틀린 사고방식 | 문고판 80p / 값 2,000원
- 속량 - 가난, 질병, 영적 죽음에서 값 주고 되사다 | 문고판 64p / 값 1,200원
- 예수의 보배로운 피 | 문고판 48p / 값 1,000원
- 하나님을 탓하지 마십시오 | 문고판 48p / 값 1,000원
- 네 주장을 변론하라 | 문고판 48p / 값 1,000원
- 셀 모임에서 성령인도 받기 | 문고판 48p / 값 1,000원
- 네 염려를 주께 맡겨라 | 문고판 80p / 값 2,000원
- 성령을 받는 성경적인 방법 | 문고판 64p / 값 1,200원
- 안수 | 문고판 48p / 값 1,000원
- 치유를 유지하는 법 | 문고판 48p / 값 1,000원
- 사랑은 결코 실패하지 않습니다 | 문고판 48p / 값 1,000원
- 예언을 분별하는 일곱 단계 | 문고판 80p / 값 2,000원
- 절망적인 상황을 반전시키기 | 문고판 80p / 값 2,000원
- 당신의 믿음을 풀어 놓는 법 | 문고판 80p / 값 2,000원
- 하나님의 영광 | 문고판 64p / 값 1,200원
- 하나님께서 내게 가르쳐 주신 형통의 계시 | 문고판 48p / 값 1,000원
- 왜 능력 아래 쓰러지는가? | 문고판 48p / 값 1,000원

기타「믿음의 말씀」설교자의 책들

- 성령의 삶 능력의 삶 | 데이브 로버슨 지음 · 김진호 옮김 / 신국판 480p / 값 13,000원
- 왕과 제사장 | 김진호 지음 / 국판 136p / 값 6,500원
- 새로운 피조물의 실제 | 김진호 지음 / 국판 256p / 값 9,000원
- 믿음의 반석 | 최순애 지음 / 국판 352p / 값 12,000원
- 새 언약의 기도 | 최순애 지음 / 신국판 192p / 값 8,000원

- 성령 인도 | 최순애 지음 / 국판 160p / 값 7,000원
- 복음의 신조 | 최순애 지음 / 국판 208p / 값 8,000원
- 존중하는 삶 | 최순애 지음 / 국판 208p / 값 8,000원
- 승리하는 믿음 | 스미스 위글스워스 지음 · 김진호 옮김 / 46판 112p / 값 4,000원
- 스미스 위글스워스의 천국 | 스미스 위글스워스 지음 · 박미가 옮김 / 신국판 320p / 값 11,000원
- 스미스 위글스워스의 매일묵상 | 스미스 위글스워스 지음 · 박미가 옮김 / 신국판 600p / 값 20,000원
- 위글스워스는 이렇게 했다 | 피터 J. 매든 지음 · 박미가 옮김 / 국판 272p / 값 9,000원
- 스미스 위글스워스의 능력의 비밀 | 피터 J. 매든 지음 · 박미가 옮김 / 국판 200p / 값 7,000원
- 행동하는 신자들 | T. L. 오스본 지음 · 김진호 옮김 / 46판 112p / 값 4,000원
- 기적 - 하나님 사랑의 증거 | T.L. 오스본 지음 · 김진호 옮김 / 46판 144p / 값 4,500원
- 새롭게 시작하는 기적 인생 | T.L. 오스본 / 라도나 오스본 지음 · 박미가 옮김 / 46판 288p / 값 8,000원
- 좋은 인생 | T. L. 오스본 지음 · 박미가 옮김 / 신국판 416p / 값 13,000원
- 성경적인 치유 | T.L. 오스본 지음 · 김진호 옮김 / 국판 272p / 값 10,000원
- 능력으로 역사하는 메시지 | T.L. 오스본 지음 · 김주성 옮김 / 신국판 368p / 값 12,000원
- 100개의 신유 진리 | T.L. 오스본 지음 · 김진호 옮김 / 문고판 48p / 값 1,000원
- 하나님의 큰 그림 | 라도나 C. 오스본 지음 · 문지숙 옮김 / 46판 160p / 값 5,500원
- 믿음의 말씀 고백 기도집 | 잔 오스틴 지음 · 김진호 옮김 / 46판 160p
- 하나님의 사랑의 흐름 | 잔 오스틴 지음 · 김진호 옮김 / 46판 48p
- 견고한 진 무너뜨리기 | 잔 오스틴 지음 · 김진호 옮김 / 46판 48p
- 초자연적인 흐름을 따르는 법 | 잔 오스틴 지음 · 김진호 옮김 / 46판 96p
- 당신의 운명을 바꿀 수 있습니다 | 잔 오스틴 지음 · 김진호 옮김 / 46판 96p
- 어떻게 하나님의 능력을 풀어놓을 수 있는가? | 잔 오스틴 지음 · 김진호 옮김 / 46판 96p
- 복을 취하는 법 | R.R.쏘아레스 지음 · 김진호 옮김 / 국판 128p / 값 5,500원
- 주는 자에게 복이 되는 선물 | R.R.쏘아레스 지음 · 김병수 옮김 / 국판 160p / 값 6,000원
- 믿음으로 사는 삶 | 코넬리아 나줌 지음 · 신현호 옮김 · 김진호 추천 / 46판 176p / 값 6,000원
- 그리스도 안에 있는 나를 인정하기 | 마크 행킨스 지음 · 김진호 옮김 / 문고판 48p / 값 1,000원
- 여기서 머물지 말라 | 크리스 오야킬로메 지음 · 김진호 옮김 / 46판 72p / 값 2,500원
- 방언기도학교 31일 | 크리스/애니타 오야킬로메 지음 · 이종훈/김인자 옮김 / 46판 80p / 값 2,500원
- 이제 당신이 거듭났으니 | 크리스 오야킬로메 지음 · 김진호 옮김 / 문고판 64p / 값 1,500원
- 당신의 인생을 재창조하라 | 크리스 오야킬로메 지음 · Paula Kim 옮김 / 국판 48p / 값 2,000원
- 이 마차에 함께 타라 | 크리스 오야킬로메 지음 · Paula Kim 옮김 / 국판 128p / 값 5,000원
- 그리스도 안에 있는 당신의 권리 | 크리스 오야킬로메 지음 · Paula Kim 옮김 / 국판 64p / 값 2,500원
- 당신의 치유를 유지하기 | 크리스 오야킬로메 지음 · Paula Kim 옮김 / 문고판 24p / 값 500원
- 성령님과 당신 | 크리스 오야킬로메 지음 · Paula Kim 옮김 / 국판 64p / 값 2,500원
- 방언의 능력 | 크리스 오야킬로메 지음 · Paula Kim 옮김 / 문고판 48p / 값 1,000원
- 성령님이 당신 안에서 행하실 일곱 가지 | 크리스 오야킬로메 지음 · Paula Kim 옮김 / 국판 80p / 값 3,500원
- 성령님이 당신을 위해 행하실 일곱 가지 | 크리스 오야킬로메 지음 · Paula Kim 옮김 / 국판 72p / 값 3,000원
- 기적을 받고 유지하는 법 | 크리스 오야킬로메 지음 · Paula Kim 옮김 / 국판 64p / 값 2,500원
- 하나님께서 당신을 방문하실 때 | 크리스 오야킬로메 지음 · Paula Kim 옮김 / 국판 80p / 값 3,500원

- 올바른 방식으로 기도하기 | 크리스 오야킬로메 지음 · Paula Kim 옮김 / 국판 64p / 값 2,500원
- 당신의 믿음을 역사하게 하는 법 | 크리스 오야킬로메 지음 · Paula Kim 옮김 / 국판 112p / 값 5,000원
- 끝없이 샘솟는 기쁨 | 크리스 오야킬로메 지음 · Paula Kim 옮김 / 국판 32p / 값 1,500원
- 기름과 겉옷 | 크리스 오야킬로메 지음 · Paula Kim 옮김 / 국판 96p / 값 4,000원
- 약속의 땅 | 크리스 오야킬로메 지음 · Paula Kim 옮김 / 국판 224p / 값 8,000원
- 하나님의 일곱 영 | 크리스 오야킬로메 지음 · Paula Kim 옮김 / 국판 112p / 값 5,000원
- 예언 | 크리스 오야킬로메 지음 · Paula Kim 옮김 / 국판 88p / 값 4,000원
- 시온의 문 | 크리스 오야킬로메 지음 · Paula Kim 옮김 / 국판 96p / 값 4,000원
- 붉은 줄의 기적 | 리차드 부커 지음 · 황성하 옮김 / 국판 288p / 값 10,000원
- 당신은 이미 가졌습니다 | 앤드류 워맥 지음 · 두영규 옮김 / 국판 320p / 값 11,000원
- 당신이 말한 대로 얻게 됩니다 | 돈 고셋 지음 · 전진주 옮김 / 국판 288p / 값 10,000원
- 예수 - 치유의 길 건강의 능력 | 윌포드 H. 리트 지음 · 김진호 옮김 / 국판 304p / 값 11,000원
- 믿음과 고백 | 찰스 캡스 지음 · 신현호 옮김 / 신국판 384p / 값 12,000원
- 십자가에서 보좌까지 무슨 일이 일어났는가? | E. W. 케년 지음 · 서승훈 옮김 / 신국판 368p / 값 12,000원

크라이스트 앰버시 용인

- 충북 제천 중고등학교
- 육군사관학교 31기
- 미국 위스컨신주립대학원 '85
- 미국 필립스 신학대학원 '85
- 미국 연합 감리교 오클라호마 연회에서 목사 안수 받음
- 레마성경훈련소(Rhema Bible Training Center) 졸업 후 최순애 목사 안수 받음 '02

담임목사 김진호·최순애

미라클 차일드 영어 선교원
어린 자녀들을 위한 원어민의 영어와 품성 교육의 장
전화 031-8005-5491~2

미라클 차일드 어린이 영어 도서관
약 7천권의 장서와 2천장의 CD/DVD를 보유한 회원제 무료 도서관
운영시간 월-금 10:00-18:00 전화 031-8005-5412

믿음의 말씀사
케네스 해긴, E.W.케년, 크리스 오야킬로메 등 믿음의 말씀 계열 고전 및 대표 서적을 번역·출간하는 전문 출판사
홈페이지 http://faithbook.kr 전화 031-8005-5483/5493

예수선교사관학교
새로운 피조물의 계시를 바탕으로, 복음과 성령의 능력으로 구비된 하나님 군대의 장교를 배출하는 사역자 훈련학교
홈페이지 www.ejma.co.kr 전화 031-8005-8482

예배시간

구분		일시	장소
주일예배	1부	오전 09:30	5층 예배실
	2부	오전 11:30	
수요예배	말씀간증	저녁 7:30	5층 예배실
	셀리더훈련	저녁 9:10	
교육부	유아 유치부	주일 오전 11:30	206호/2층 예배실
	초등부	주일 오전 11:30	4층 예배실
	청소년부	주일 오전 11:30	3층 예배실
	청년부	주일 오후 2:30	5층 예배실

선교하라고 복주신 교회, 크라이스트 앰버시 용인교회는 한국독립교회 및 선교단체연합회에 가입되어 있습니다.
크라이스트 앰버시 교회는 나이지리아의 크리스 오야킬로메 목사님과 함께 이 복음으로 하나님의 임재를 온 세상에 전파하기 위한 초 교파적, 국제적 비전 공동체 입니다.
(http://kaicam.org)

Christ Embassy

경기도 용인시 기흥구 구성로 50
www.christembassy.kr
Tel: 031-8005-8894~6,7(F)